中国地质调查成果CGS 2016-078

"泛珠三角地区地质环境综合调查"工程资助

"粤港澳湾区1∶5万环境地质调查"项目资助

珠三角经济区国土资源与环境地质图集

ZHUSANJIAO JINGJIQU GUOTU ZIYUAN YU HUANJING DIZHI TUJI

中国地质调查局武汉地质调查中心 编著

内 容 提 要

《珠三角经济区国土资源与环境地质图集》是"泛珠三角地区地质环境综合调查"工程及"粤港澳湾区1:5万环境地质调查"二级项目的成果之一。本图集是在已有地质资料的基础上编制的，内容按照自然地理与人类活动、地质资源、环境地质分为三类，涵盖基础地质、水文地质、工程地质、环境地质、矿产地质、农业地质及地球化学等专业。本图集可为珠三角经济区的发展规划、产业布局、国土资源优化开发、重大工程建设和水工环地质工作的开展提供基础地质资料，同时可供从事基础地质、水文地质、工程地质、环境地质等专业教学和科研人员参考使用。

图书在版编目(CIP)数据

珠三角经济区国土资源与环境地质图集/中国地质调查局武汉地质调查中心编著. —武汉：中国地质大学出版社，2016.12

ISBN 978-7-5625-3885-1

Ⅰ.①珠…
Ⅱ.①中…
Ⅲ.①珠江三角洲-国土资源-资源管理-图集②珠江三角洲-环境地质学-地质图-图集
Ⅳ.①F129.965-64②X141-64

中国版本图书馆CIP数据核字（2016）第 186309号
审图号：GS（2017）1866号

珠三角经济区国土资源与环境地质图集	中国地质调查局武汉地质调查中心 编著
责任编辑：王 敏　唐然坤	责任校对：戴 莹
出版发行：中国地质大学出版社（武汉市洪山区鲁磨路388号）	邮政编码：430074
电　　话：（027）67883511　　传　真：67883580	Email:cbb @ cug.edu.cn
经　　销：全国新华书店	http://www.cugp.cug.edu.cn
开本：880毫米×1230毫米 1/8	字数：285.12千字　印张：9
版次：2017年3月第1版	印次：2017年3月第1次印刷
印刷：中煤地西安地图制印有限公司	印数：1—500册
ISBN 978-7-5625-3885-1	定价：258.00元

如有印装质量问题请与印刷厂联系调换

《珠三角经济区国土资源与环境地质图集》

编委会

编纂指导委员会

主　　任：姚华舟

委　　员：胡茂焱　张旺驰　鄢道平　钟开威　温汉辉

编辑委员会

主　　编：赵信文　黄长生　黎清华

副 主 编：刘凤梅　王丽娟　支兵发　王　渊　杨群兴　张宗胜

编　　委：（按姓氏笔画排序）
　　　　　杨永革　杨　曼　杨艳林　邹安权　范　毅　程　刚

制　　图：（按姓氏笔画排序）
　　　　　王忠忠　王　松　王良奎　王节涛　孔德秀　方楚凝　任伟灿
　　　　　任　荣　庄卓涵　李康会　刘建雄　宋　漪　陈双喜　陈丰光
　　　　　杨欣智　吴丽霞　杜建辉　金云龙　欧阳春飞　胡飞跃　顾　涛
　　　　　姚　普　涂世亮　姜守俊　高　乐　黄文龙　喻　望　谢先明
　　　　　彭　峰　曾凡龙　曾　敏　黎倬君　黎贵勇

地图设计：高晓梅　胡玉玺
地图制版：薛海红　黄安颖　江　波　马英平　吕　艳

前 言

  珠三角经济区是我国最早对外开放的地区，经过30多年的蓬勃发展，目前已成为我国第二大经济区，该地区国内生产总值在全国占比超过8%。但随着经济社会快速发展，珠三角经济区区内土地资源紧缺、水土污染、地质灾害风险及生态环境退化等问题逐渐凸显。为了更好服务于经济区资源合理开发、地质灾害有效防治及生态环境保护，中国地质调查局武汉地质调查中心主要负责和组织广东省地质局、广东省地质调查院、广东省水文地质大队、广东省地质局第四地质大队、广东省佛山地质局，共同编制了《珠三角经济区国土资源与环境地质图集》（以下简称《图集》）。

  《图集》以中国地质调查局"泛珠三角地区地质环境综合调查"工程的"珠江口产业带地质环境综合调查"子项目及"粤港澳湾区1∶5万环境地质调查"二级项目为依托。《图集》的资料主要来源于已有地质调查数据及成果资料、部分公开发行的网络数据，以1∶105万比例尺编制图件。最终出版成图比例尺为1∶120万，且每张图件编写简要说明。

  《图集》按照自然地理与人类活动、地质资源、环境地质分为三类，内容涵盖基础地质、水文地质、工程地质、环境地质、农业地质、生态地质、地球化学，以及遥感、人口、经济、社会、基础设施、发展规划等，共30张图件，充分体现了准确性、公益性、实用性。

  由于《图集》涉及多专业、多学科，编者受知识所限，若有不妥之处，敬请读者批评指正。

编委会
2016年10月

目 录

1 自然地理与人类活动类
1.1 珠三角经济区国际贸易地位图 ········· 2-3
1.2 珠三角经济区全国经济地位图 ········· 4-5
1.3 珠三角经济区自然地理图 ········· 6-7
1.4 珠三角经济区人口分布与人口密度图 ········· 8-9
1.5 珠三角经济区经济开发强度图 ········· 10-11
1.6 珠三角经济区城镇化程度图 ········· 12-13
1.7 珠三角经济区发展规划图 ········· 14-15
1.8 珠三角经济区重大基础设施分布图 ········· 16-17

2 地质资源类
2.1 珠三角经济区地下水资源分布图 ········· 20-21
2.2 珠三角经济区应急地下水水源地潜力分布图 ········· 22-23
2.3 珠三角经济区土地利用现状图 ········· 24-25
2.4 珠三角经济区土壤有益元素分布图 ········· 26-27
2.5 珠三角经济区富硒土壤资源图 ········· 28-29
2.6 珠三角经济区矿产资源分布图 ········· 30-31
2.7 珠三角经济区特色农产品产地分布图 ········· 32-33
2.8 珠三角经济区地热资源分布图 ········· 34-35
2.9 珠三角经济区自然旅游资源分布图 ········· 36-37

3 环境地质类
3.1 珠三角经济区区域地壳稳定性图 ········· 40-41
3.2 珠三角经济区地下水质量状况图 ········· 42-43
3.3 珠三角经济区地下水环境状况图 ········· 44-45
3.4 珠三角经济区地下咸水分布图 ········· 46-47
3.5 珠三角经济区土壤环境质量状况图 ········· 48-49
3.6 珠三角经济区土壤有机物影响分区图 ········· 50-51
3.7 珠三角经济区土壤重金属超标状况图 ········· 52-53
3.8 珠三角经济区岩溶塌陷现状分布图 ········· 54-55
3.9 珠三角经济区岩溶塌陷风险划分图 ········· 56-57
3.10 珠三角经济区地面沉降现状分布图 ········· 58-59
3.11 珠三角经济区地面沉降风险划分图 ········· 60-61
3.12 珠三角经济区突发性地质灾害分布图 ········· 62-63
3.13 珠三角经济区突发性地质灾害风险图 ········· 64-65

地理底图图例

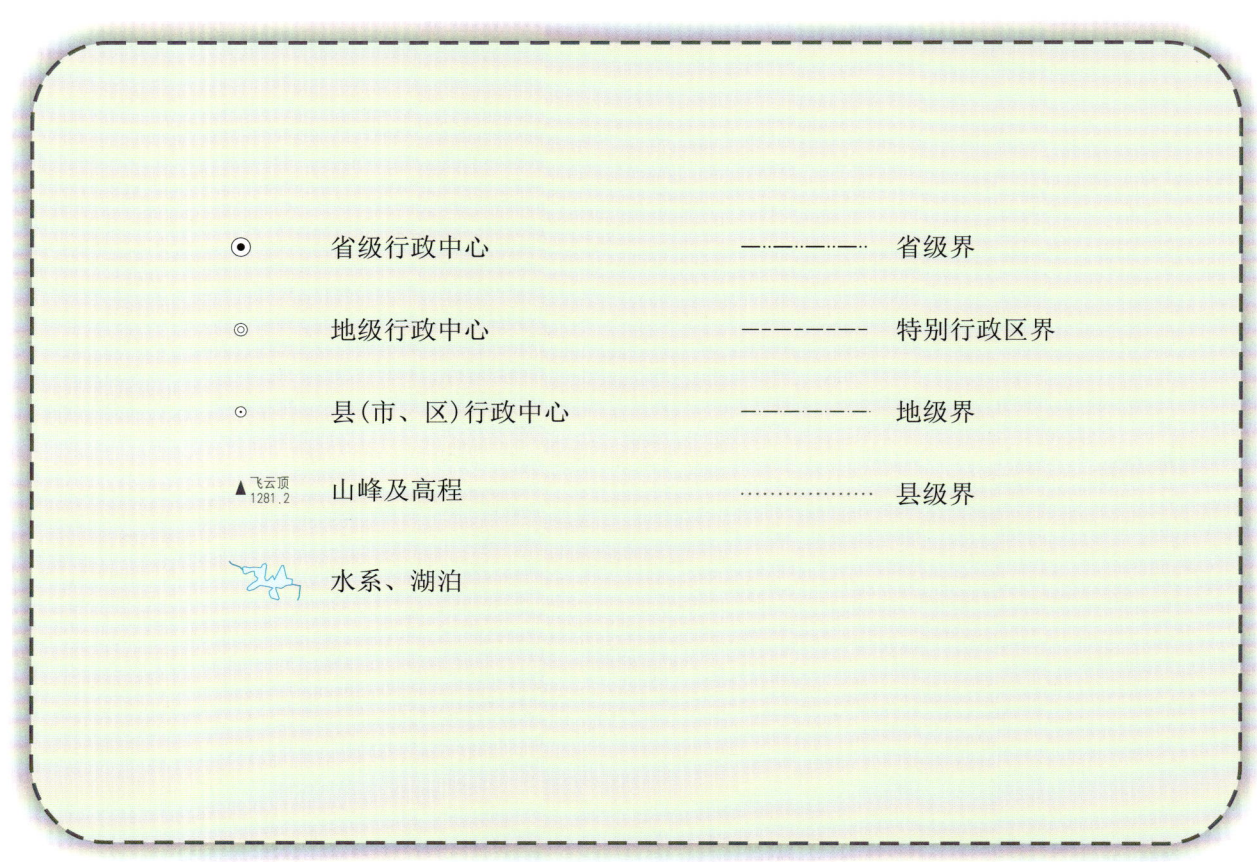

自然地理与人类活动类

1.1 珠三角经济区国际贸易地位图

1：37 000 000

资料截止日期：2014年4月

资料来源：珠三角经济区世界贸易图底图采用公开发行版世界地图，图件其他内容由中国地质调查局武汉地质调查中心编制，其中经济贸易数据来源于《广东统计年鉴—2014》，"21世纪海上丝绸之路"规划线路参考《珠三角经济区全域规划图》。

1. 自然地理与人类活动类

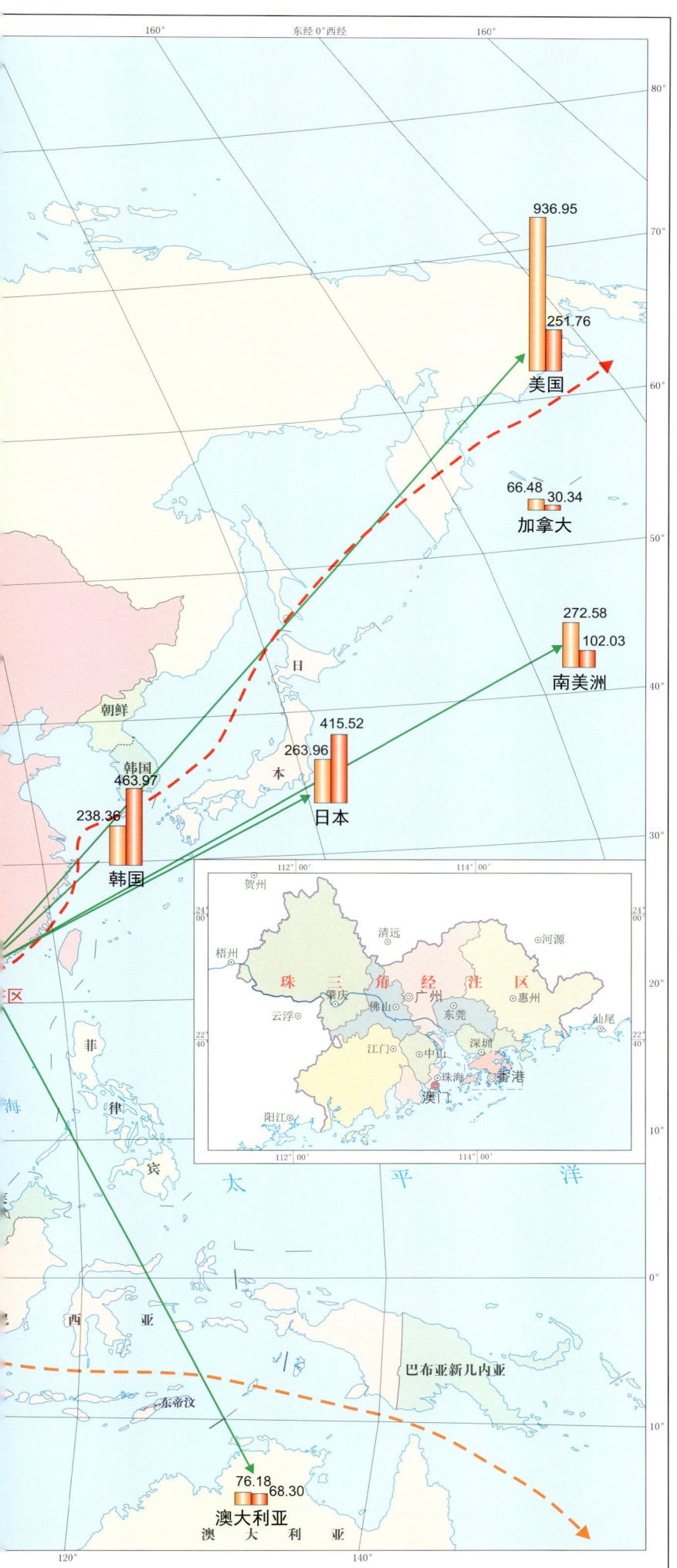

珠三角经济区（全称珠江三角洲经济区）位于广东省中南部，是以广州市、深圳市、珠海市为核心，连同佛山市、东莞市、中山市、江门市、惠州市、肇庆市打造的世界级经济区，总面积近 55 000km²。该经济区经过改革开放 30 多年的蓬勃发展已成为目前我国第二大经济区，与世界上主要国家及地区建立了密切的经贸往来，国际地位显著。党的十八大后，国家主席习近平提出"打造海洋强国"的构想，于 2013 年 10 月访问东盟时正式提出建立"21 世纪海上丝绸之路"，规划以我国福建为中心，以广东作为重要支撑，辐射东盟、西亚、东亚及南亚一些主要国家。新的规划给珠三角经济区带来了新一轮的大发展机遇，进一步巩固及加强了珠三角经济区的国际地位。

1.1.1 珠三角经济区与国际贸易

根据 2013 年广东省统计数据结果，珠三角经济区与世界 38 个国家和地区产生了密切的经济贸易往来，遍及五大洲，包括美国、加拿大、英国、欧盟、俄罗斯、东盟、印度、日本、韩国、澳大利亚及非洲的一些地区和国家，贸易总额达 10 918.22 亿美元，具体主要国家及地区贸易进出口额见表 1。

表 1 珠三角经济区与世界主要国家和地区经贸情况表

国别（地区）	2013 年（单位：亿美元）		
	进出口	出口	进口
亚洲	7 456.06	4 030.30	3 425.76
中国香港	2 687.70	2 621.97	65.73
中国澳门	21.37	17.63	3.75
中国台湾	752.71	80.61	672.10
日本	679.48	263.96	415.52
韩国	702.33	238.36	463.97
菲律宾	105.76	42.10	63.65
泰国	201.86	72.50	129.37
马来西亚	268.14	90.17	177.97
新加坡	178.69	94.00	84.69
印度尼西亚	111.48	58.48	53.01
印度	100.67	72.55	28.12
沙特阿拉伯	58.41	39.79	18.61
阿联酋	89.32	72.35	16.98
东盟	1 022.21	456.17	566.04
非洲	447.94	156.67	291.27
埃及	12.73	12.21	0.52
南非	296.82	31.21	265.61
欧洲	1 157.11	813.01	344.10
比利时	47.58	33.84	13.74
丹麦	19.31	12.82	6.48
英国	143.77	123.46	20.31
德国	228.68	141.15	87.53
法国	96.69	67.20	29.49
意大利	78.51	49.40	29.11
荷兰	126.49	107.85	18.64
西班牙	47.78	37.78	10.00
奥地利	10.92	5.18	5.74
芬兰	14.64	10.31	4.33
瑞士	82.94	8.91	74.03
波兰	29.21	26.90	2.31
俄罗斯	80.14	70.03	10.12
欧盟	966.02	711.63	254.39
南美洲	374.61	272.58	102.03
阿根廷	20.32	14.50	5.82
巴西	98.68	72.93	25.75
智利	43.88	21.50	22.38
墨西哥	80.28	67.41	12.87
北美洲	1 285.89	1 003.77	282.12
加拿大	96.81	66.48	30.34
美国	1 188.72	936.95	251.76
大洋洲及其他	166.92	87.31	109.30
澳大利亚	144.48	76.18	68.30
新西兰	19.19	8.47	10.72
合计	10 918.22	6 363.64	4 554.58

注：东盟包括菲律宾、泰国、马来西亚、新加坡、印度尼西亚、文莱、越南、老挝、缅甸、柬埔寨 10 个国家；欧盟共包括 28 个成员国，上述欧洲国家中除俄罗斯、瑞士外，其余均为欧盟成员国，以当年统计的成员身份为准。

1.1.2 珠三角经济区在"21 世纪海上丝绸之路"中的定位

借助建设"21 世纪海上丝绸之路"的机遇，珠三角经济区加大了对外开放力度，以互信认同为根本，以互联互通为基础，以经贸合作为重点，以人文交流为纽带，以互利共赢为目标，联手港澳和周边省区，加强与沿线国家合作，推动陆海统筹，构建全方位开放新格局，争当我国建设"21 世纪海上丝绸之路"的排头兵和主力军。

珠三角经济区要充分发挥综合实力较强、交通枢纽作用突出、人文资源众多、海洋经济发达的优势，立足珠三角经济区区域，面向东南亚和南亚，加强内外联动和互利合作，携手兄弟省市扩大开放，与周边国家实现共同繁荣，努力将珠三角经济区建设成为"21 世纪海上丝绸之路"的重要增长极、战略枢纽、社会文化交流中心和海陆统筹发展试验区。

1.2 珠三角经济区全国经济地位图

1 : 16 000 000

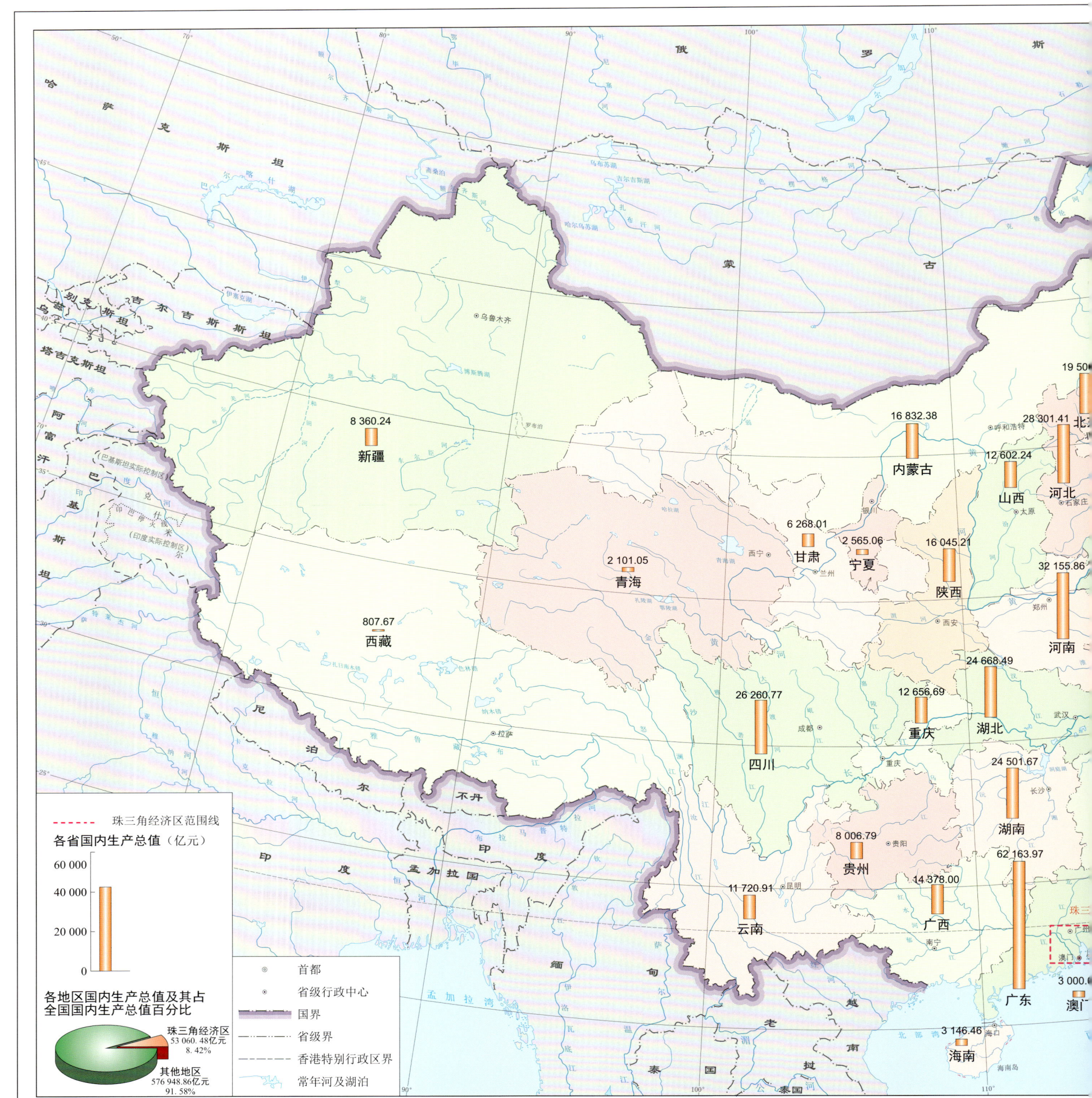

资料截止日期：2014年4月

资料来源：珠三角经济区全国经济区位图底图采用公开发行的全国地图，图件其他内容由中国地质调查局武汉地质调查中心编制，其中全国各省国内生产总值数据来源于《中国统计年鉴-2014》，人口数据来源于《广东统计年鉴-2014》，面积数据统计来源于《珠三角经济区全域规划》。

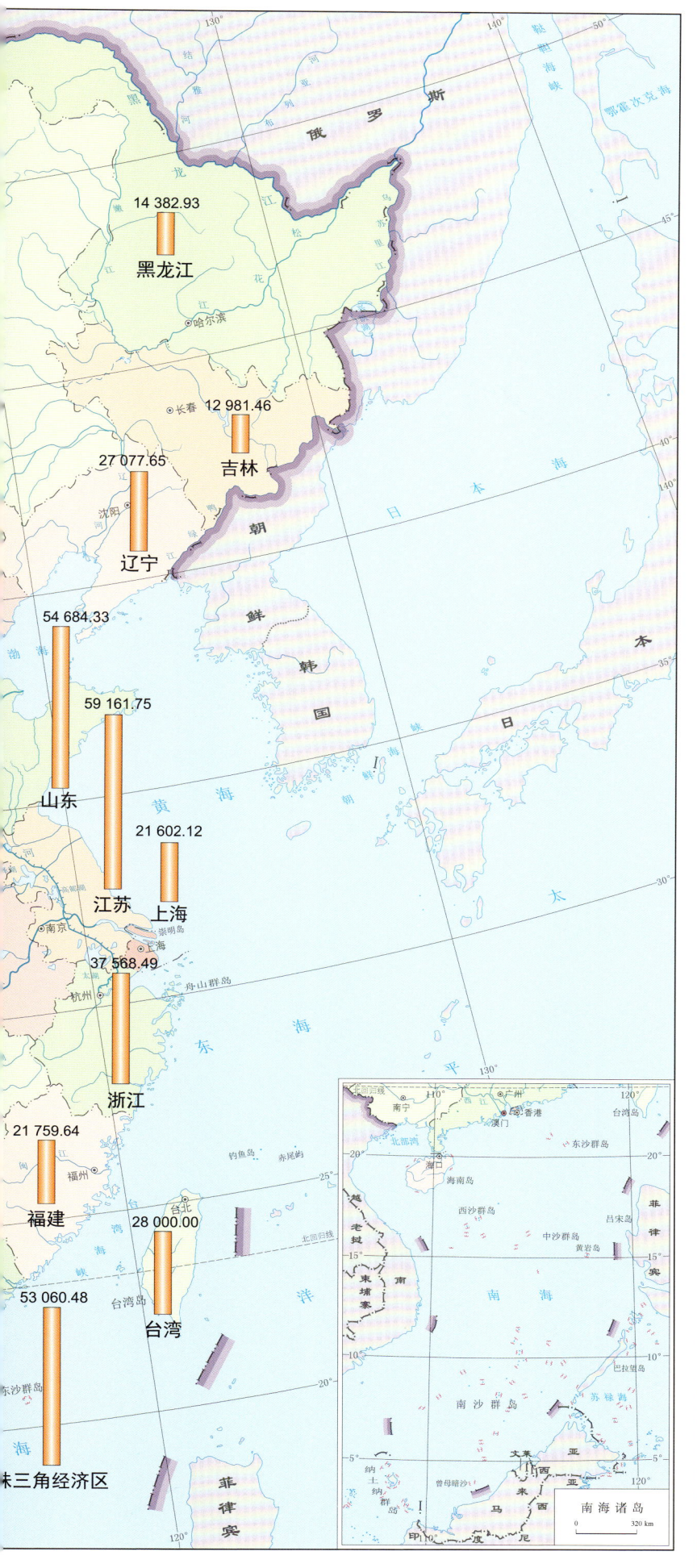

珠三角经济区位于广东省中南北部地区,根据2014年7月《珠三角经济区全域规划》统计,经济区面积扩大到近55 000km²,新增肇庆市部分地区,目前新规划包括广州市、深圳市、佛山市、珠海市、东莞市、中山市、江门市、惠州市、肇庆市。

1.2.1 珠三角经济区与全国国内生产总值的对比

珠三角经济区作为我国改革开放的前沿阵地,自1992年邓小平同志"南方谈话"至今,经过30多年的蓬勃发展,目前已经成为我国第二大经济区。2013年国内生产总值达53 060.48亿元,占全国国内生产总值63 000.93亿元的8.42%,与全国各省国内生产总值对比如表1。

表1 珠三角经济区与全国其他省市国内生产总值对比表

地区	2013年	
	国内生产总值(亿元)	占全国比例(%)
北京	19 500.56	3.10
天津	14 370.16	2.28
河北	28 301.41	4.49
山西	12 602.24	2.00
内蒙古	16 832.38	2.67
辽宁	27 077.65	4.30
吉林	12 981.46	2.06
黑龙江	14 382.93	2.28
上海	21 602.12	3.43
江苏	59 161.75	9.39
浙江	37 568.49	5.96
安徽	19 038.87	3.02
福建	21 759.64	3.45
江西	14 338.50	2.28
山东	54 684.33	8.68
河南	32 155.86	5.10
湖北	24 668.49	3.92
湖南	24 501.67	3.89
广东	62 163.97	9.87
广西	14 378.00	2.28
海南	3 146.46	0.50
重庆	12 656.69	2.01
四川	26 260.77	4.17
贵州	8 006.79	1.27
云南	11 720.91	1.86
西藏	807.67	0.13
陕西	16 045.21	2.55
甘肃	6 268.01	0.99
青海	2 101.05	0.33
宁夏	2 565.06	0.41
新疆	8 360.24	1.33
总计	630 009.34	
珠三角经济区	53 060.48	8.42

1.2.2 珠三角经济区的发展定位

习近平总书记在2012年12月视察广东时提出:广东要努力成为发展中国特色社会主义的排头兵、深化改革开放的先行地、探索科学发展的试验区,为率先全面建成小康社会、率先基本实现社会主义现代化而奋斗——"三个定位,两个率先"。而珠三角经济区作为广东省的核心区,2013年国内生产总值占据广东省的85.35%,将率先实现这一目标。

从国家战略出发,2014年7月国务院颁发了《珠江-西江经济带发展规划》,正式启动跨省流域经济带合作试点。珠江-西江经济带下游的珠三角地区经过30多年发展,目前经济、社会发展程度高,正面临土地资源、水资源、人力资源、地质环境资源紧张的矛盾,亟需进行战略转型、经济结构调整,需找后备发展地。而上游广西境内主要为欠发达地区,资源相对丰富,但经济落后,渴求经济发展。因此迎合双方需求,从国家战略出发出台新的经济带规划,为解决珠三角经济区发展的一系列矛盾提供有利条件。

从地方经济发展出发,广东省新增肇庆市部分地区,同时结合珠江-西江经济带规划,梧州—肇庆地区作为跨省流域经济合作的先行试验区,为推动珠三角经济区的经济发展提供了后备支撑。

1.2.3 珠三角经济区对全国主要经济区的带动

珠三角经济区作为全国重要的经济引擎,通过流域经济带、高铁沿线经济带、海域经济带向全国重要地区辐射,带动全国其他省市及地区的经济发展,同时把握好"21世纪海上丝绸之路"的建设机遇,进一步巩固和增强国际经济地位,保持与国际间的友好交流,将作为重要窗口让更多省市及经济区走向国际市场。

1.3 珠三角经济区自然地理图

1.3.1 地貌综述

珠三角经济区以珠江三角洲平原为主体,其西、北、东三面环山,南面临南海。其西、北、东分别被古兜山、天露山(海拔1 251m)、罗浮山(海拔1 281m)等断续的山地和丘陵环绕。由于西江、北江、东江夹带的泥沙在湾内不断地堆积,逐渐形成了现今的珠江三角洲平原。其北部有不少的台地,另有残丘散布,南部除台地外,还有山地、丘陵散布。珠江三角洲河口地段河道众多,水系纷繁,构成了平原上稠密的水网,为网河区。海岸类型中珠江口以东为沉降山地原岩冲蚀海岸,珠江三角洲为汉道平原堆积海岸,珠江崖门口以西为粉砂淤泥质平原海岸。大陆岸线长达1 059km,近岸岛屿众多,星罗散布,共有477个,几乎全为基岩岛屿,面积516.04 km²,岛屿岸线长1 103.4km。

1.3.2 地貌分述

1.3.2.1 侵蚀-构造地形

1. 中山、低山

中山是区内最高一级的地形,不连续地分布在东、北、西部边界地带。东部有沿惠东县南侧分布的莲花山脉;北部有沿从化东北侧分布的天堂顶—三角顶—桂峰山、通天蜡烛,以及博罗县西侧的罗浮山脉;西部有位于开平西侧的天露山、肇庆北的鼎湖山等。肇庆市广宁县罗壳山(海拔1 339m)是区内最高山峰。低山分布广泛,但不连续,除岛屿外在陆地的东、北、西和南部,乃至中部都有分布。

2. 丘陵

高丘陵较广泛地分布于陆地和岛屿,多环绕和毗连低山分布,或突兀于低残丘、台地之上,或独立于平原和海面上。低丘陵多分布在山地、高丘近平原的边缘,或独立于平原之中上,或点缀于海岛。另外,佛山南海区西侧可见火山丘陵西樵山,丘坡陡峭,突兀于平原之上。

纵观上述山地、丘陵地形,其山顶普遍具等高性,构成阶梯状平台,代表多级地貌类型、多级夷平面和多层地貌组合。据野外观察和山顶高度的统计,海拔有900~1 000m、700~800m、500~650m、400~450m、300~350m、200~250m和100~150m七级夷平面。

1.3.2.2 剥蚀-侵蚀地形之台地

台地主要分布于西部和中部,东部及岛屿上也有零星分布,主要由花岗岩、混合岩和砂页岩等构成,系长期遭受侵蚀夷平的基准面,后因地壳间歇性抬升,复经侵蚀切割而成。台地地面总体呈舒缓波状起伏,由一些高度大致相等、稀疏突兀、顶平的丘组组成。随着台地级数变大,地面起伏加大,丘陵化越发明显,至四级台地,其形态与低丘陵差别不大。

1.3.2.3 堆积地貌之三角洲平原

珠江三角洲是该区平原的主体,是最大的堆积地形。其东、西、北三面都有山丘围绕,南面濒海,构成一个马蹄形的港湾形态。珠江三角洲外围的平原以汊道及积水洼地为特色。珠江三角洲以放射状网河汊道发育和众多山丘突起为特征。珠江三角洲放射状网河汊道是河流进入受水盆地后因射流作用而形成的。众多的山丘是过去的海岛,在岛丘上发现多处海蚀遗迹。另可见山前冲洪积平原、湖积平原等河谷平原地貌,以及潮间浅滩、海积平原、海积阶地、潟湖平原、砂堤等海积地貌(表1)。

表1 珠三角经济区地貌类型表

成因类型	形态类型	海拔(m)	高差(m)
侵蚀-构造地形	中山、低山	>500	>250
	丘陵	50~250	30~200
剥蚀-侵蚀地形	台地	15~80	5~25
堆积地貌	三角洲平原		

1.3.3 总结

珠三角经济区地貌类型呈现多样化,以珠江三角洲平原为主体,平原上散布着丘陵、台地和残丘,在南侧近海河口湾处分布着浅滩、潟湖、阶地等,在东、西、北侧分布着中山、低山和边缘的丘陵以及山前冲洪积平原等。

1.4 珠三角经济区人口分布与人口密度图

1 : 1 200 000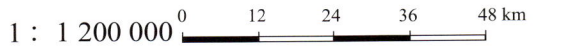

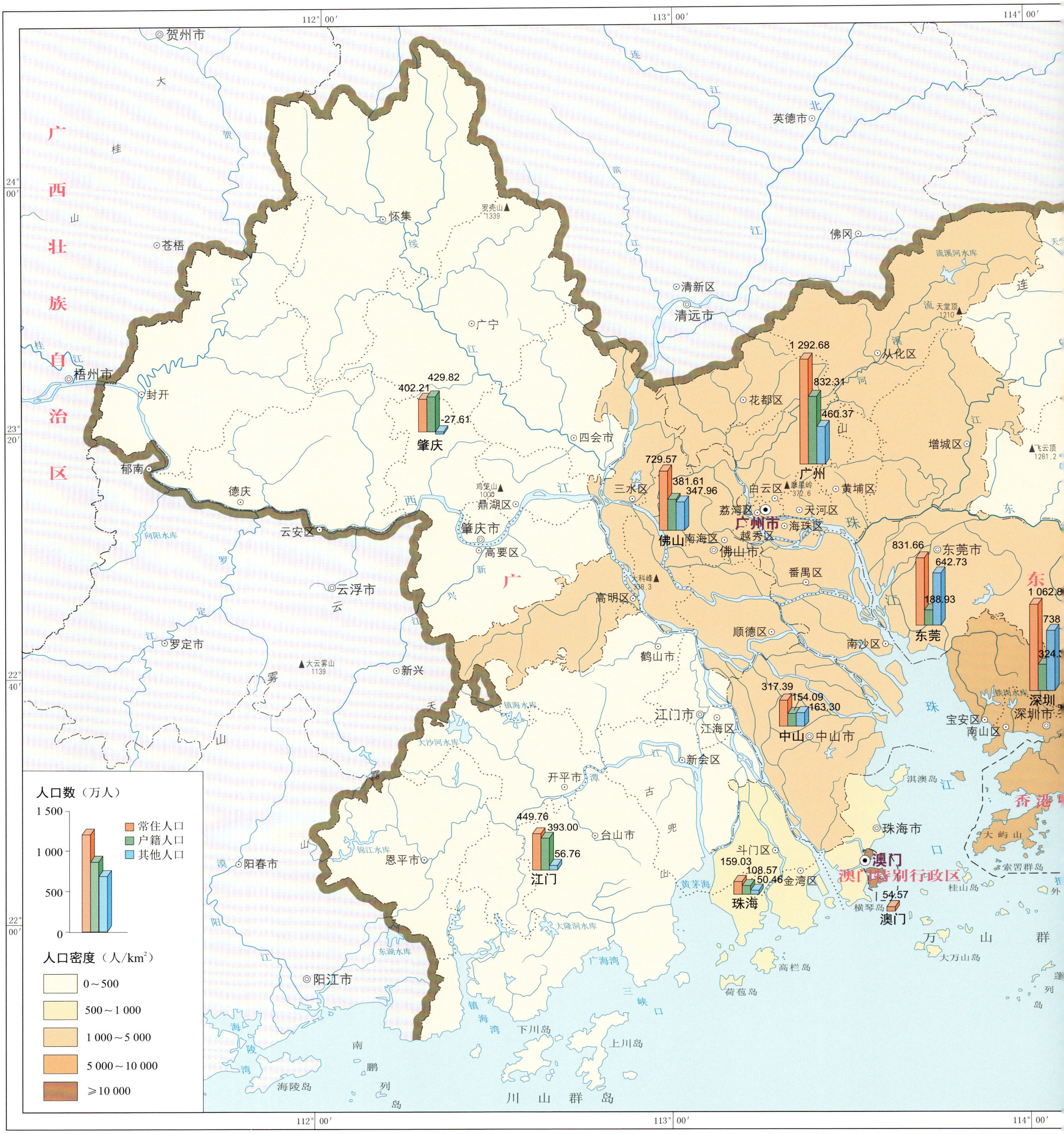

资料截止日期：2014年4月

资料来源：珠三角经济区人口资源与人口密度数据广东省各地区数据来自《广东统计年鉴-2014年》，澳门和香港数据来自其官网。其中，香港和澳门地区仅获得常住人口总数和人口密度两项数据。

1.4.1 常住人口

珠三角经济区各行政区常住人口数量差异较大（表1）。常住人口总数超过1 000万人的有2个，分别为广州和深圳，其中广州最高，达1 292.68万人；500万～1 000万人的有3个，分别为东莞、佛山和香港；100万～500万人的有5个，分别为惠州、江门、肇庆、中山和珠海；100万人以下的只有澳门1个，为54.57万人。

表1 珠三角经济区各行政区常住人口数量分级表

行政区	总人口（万人）	级别（万人）
广州	1 292.68	>1 000
深圳	1 062.89	
东莞	831.66	500～1 000
佛山	729.57	
香港	681.60	
惠州	470.00	
江门	449.76	
肇庆	402.21	100～500
中山	317.39	
珠海	159.03	
澳门	54.57	<100

1.4.2 户籍人口

户籍人口以户籍登记为准，珠三角经济区内广东省各地区户籍人口数量存在差异，但差异不大。其中户籍人口数量500万～1 000万人的仅广州1个，达832.31万；其他都在100万～500万人之间，肇庆、江门、佛山、惠州和深圳5个地区户籍人口在300万～500万人之间，东莞、中山和珠海3个地区户籍人口在100万～200万人之间，其中珠海最低，仅108.57万。

1.4.3 其他人口

其他人口以常住人口与户籍人口之间的差值计算。珠三角经济区内广东省各地区其他人口数量的差异也非常大。其他人口数量超过500万人的有2个，分别为深圳和东莞，其中深圳最高，达738.57万人；300万～500万人的有2个，分别为广州和佛山；100万～300万人的有2个，分别为中山和惠州；0～100万人的有2个，分别为江门和珠海；小于0的有1个，为肇庆，其他人口数量为-27.61万人。

1.4.4 人口密度

人口密度以每平方千米的常住人口计算，珠三角经济区人口密度差异很大（表2）。以每平方千米人口计算，超过10 000人/km²的有1个，为澳门，达16 536.36人/km²；5 000～10 000人/km²的有2个，分别为香港和深圳；1 000～5 000人/km²的有4个，分别为东莞、佛山、中山和广州；500～1 000人/km²的有1个，为珠海；500人/km²以下的有3个，分别为江门、惠州和肇庆，其中肇庆人口密度最低，仅268.14人/km²。

表2 珠三角经济区各行政区人口密度分级表

行政区	全市人口密度（人/km²）	级别（人/km²）
澳门	16 536.36	≥10 000
香港	6 241.76	5 000～10 000
深圳	5 322.43	
东莞	3 380.73	
佛山	1 921.07	1 000～5 000
中山	1 779.42	
广州	1 738.78	
珠海	922.28	500～1 000
江门	473.24	
惠州	419.64	<500
肇庆	268.14	

1.4.5 人口分布和结构

珠三角经济区人口密度和人口资源也是区域经济发展的直接反映。经济区人口主要集中于广州、深圳、东莞、佛山、香港、澳门等经济发达地区。这些地区往往常住人口数量大，人口密度高。其中，仅澳门地区因面积小，而显得常住人口数量很少，而且其他人口数量也较大，表现出对外来人口有很强的吸引力。而惠州、江门、肇庆等地区，尽管户籍人口数量不低，但常住人口数量不高，人口密度相对较低，而且其他人口数量也较低，肇庆地区其他人口数量甚至为负数，表现为人口的对外输出。人口结构反映出珠三角经济区各地区经济发展的不平衡。

1.5 珠三角经济区经济开发强度图

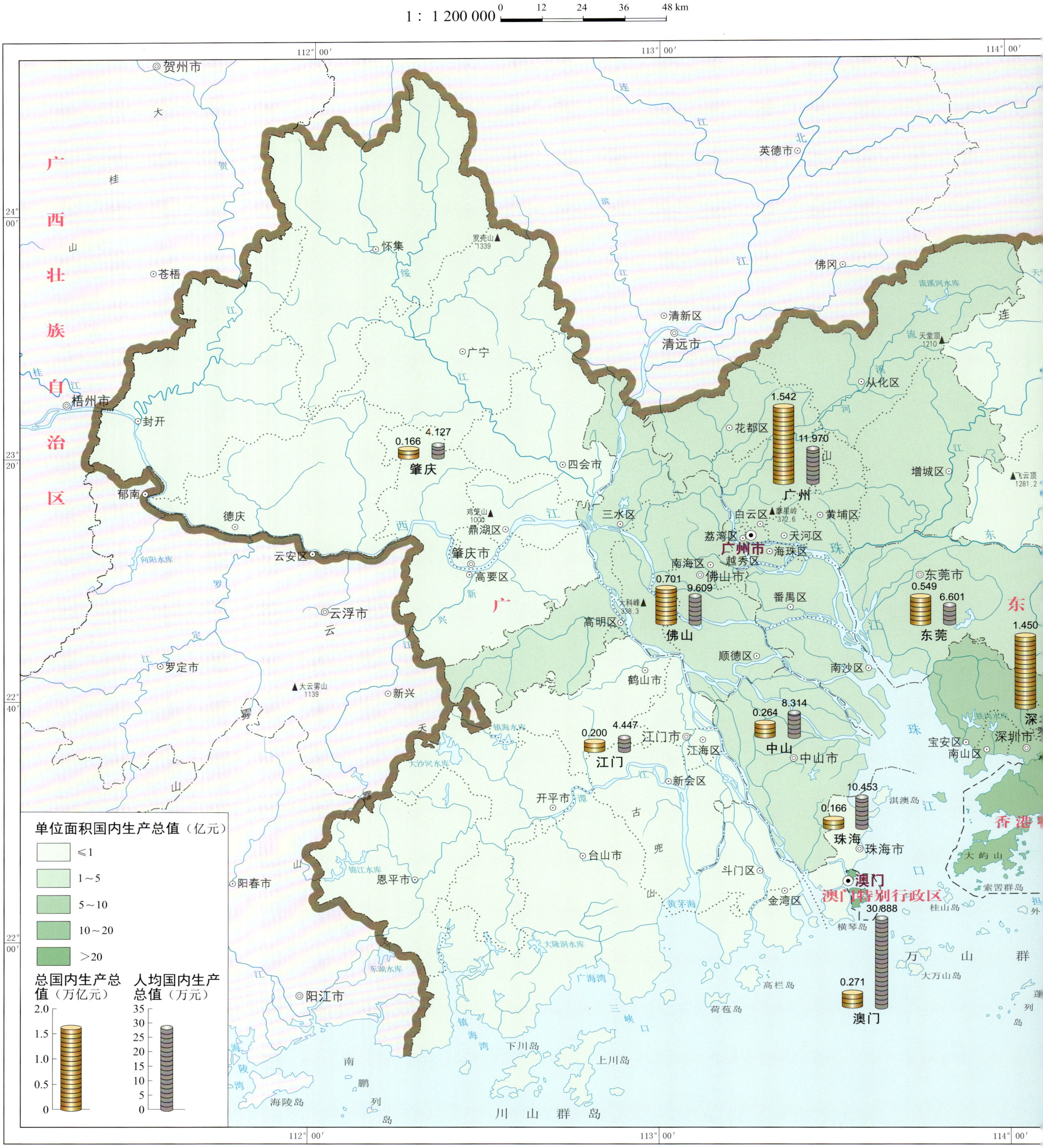

资料截止日期：2014年4月

资料来源：珠三角经济区国内生产总值中广东省各地区数据来自《广东统计年鉴-2014年》，澳门和香港数据来自其官网。

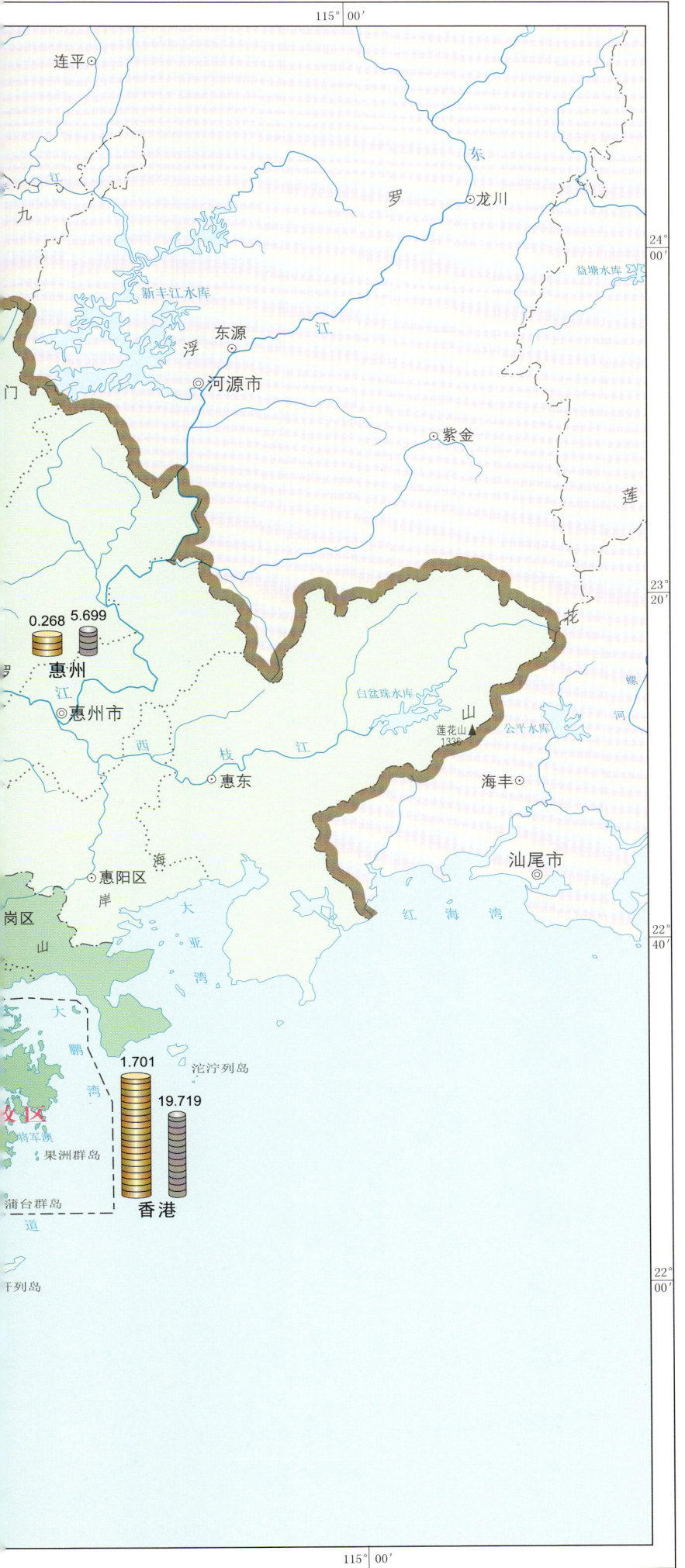

1.5.1 总国内生产总值

珠三角经济区内各行政区总国内生产总值差异较大（表1）。国内生产总值在1.5万亿～2.0万亿元的有1个，为香港，达1.701万亿元；1.0万亿～1.5万亿元的有2个，分别为广州和深圳；0.5万亿～1.0万亿元的有2个，分别为佛山和东莞；小于0.5万亿元的有6个，分别为澳门、惠州、中山、江门、珠海和肇庆，其中肇庆和珠海的国内生产总值最低，为0.166万亿元。

表1 珠三角经济区各行政区总国内生产总值分级表

行政区	总国内生产总值（万亿元）	级别（万亿元）
香港	1.701	1.5～2.0
广州	1.542	1.0～1.5
深圳	1.450	
佛山	0.701	0.5～1.0
东莞	0.549	
澳门	0.271	<0.5
惠州	0.268	
中山	0.264	
江门	0.200	
珠海	0.166	
肇庆	0.166	

1.5.2 人均国内生产总值

珠三角经济区各行政区人均国内生产总值是用总国内生产总值除以常住人口得到的（表2）。人均国内生产总值也存在明显的地区差异。其中超过20万元的有1个，为澳门，其人均国内生产总值为30.888万元；10万～20万元的有4个，分别是香港、深圳、广州和珠海；5万～10万元的有4个，分别是佛山、中山、东莞和惠州；小于5万元的有2个，分别是江门和肇庆。

表2 珠三角经济区各行政区人均国内生产总值分级表

行政区	人均国内生产总值（万元）	级别（万元）
澳门	30.888	>20
香港	19.719	10～20
深圳	13.695	
广州	11.970	
珠海	10.453	
佛山	9.609	5～10
中山	8.314	
东莞	6.601	
惠州	5.699	
江门	4.447	<5
肇庆	4.127	

1.5.3 单位面积国内生产总值

珠三角经济区各行政区单位面积国内生产总值由总国内生产总值除以区域面积得到。各地区单位面积国内生产总值差异巨大（表3），其中超过10亿元的有2个，分别为澳门和香港，其中澳门达81.996亿元；5亿～10亿元的有1个，为深圳；1亿～5亿元的有4个，分别为东莞、广州、佛山和中山；小于1亿元有4个，分别为珠海、惠州、江门和肇庆，其中肇庆最低，仅为0.111亿元。

表3 珠三角经济区各行政区单位面积国内生产总值分级表

行政区	单位面积国内生产总值（亿元）	级别（亿元）
澳门	81.996	>10
香港	15.581	
深圳	7.261	5～10
东莞	2.232	1～5
广州	2.074	
佛山	1.846	
中山	1.479	
珠海	0.964	≤1
惠州	0.239	
江门	0.210	
肇庆	0.111	

1.5.4 国内生产总值地区特征

国内生产总值是区域经济发展衡量的直接指标，反映出珠三角经济区各地区经济发展的不平衡。香港的国内生产总值是珠海、肇庆地区的10倍还多，广州、深圳等地区的国内生产总值接近珠海、肇庆地区的10倍。此外，香港和澳门地区的人均国内生产总值和单位面积国内生产总值超出内地地区很多，特别是单位面积国内生产总值。

1.6 珠三角经济区城镇化程度图

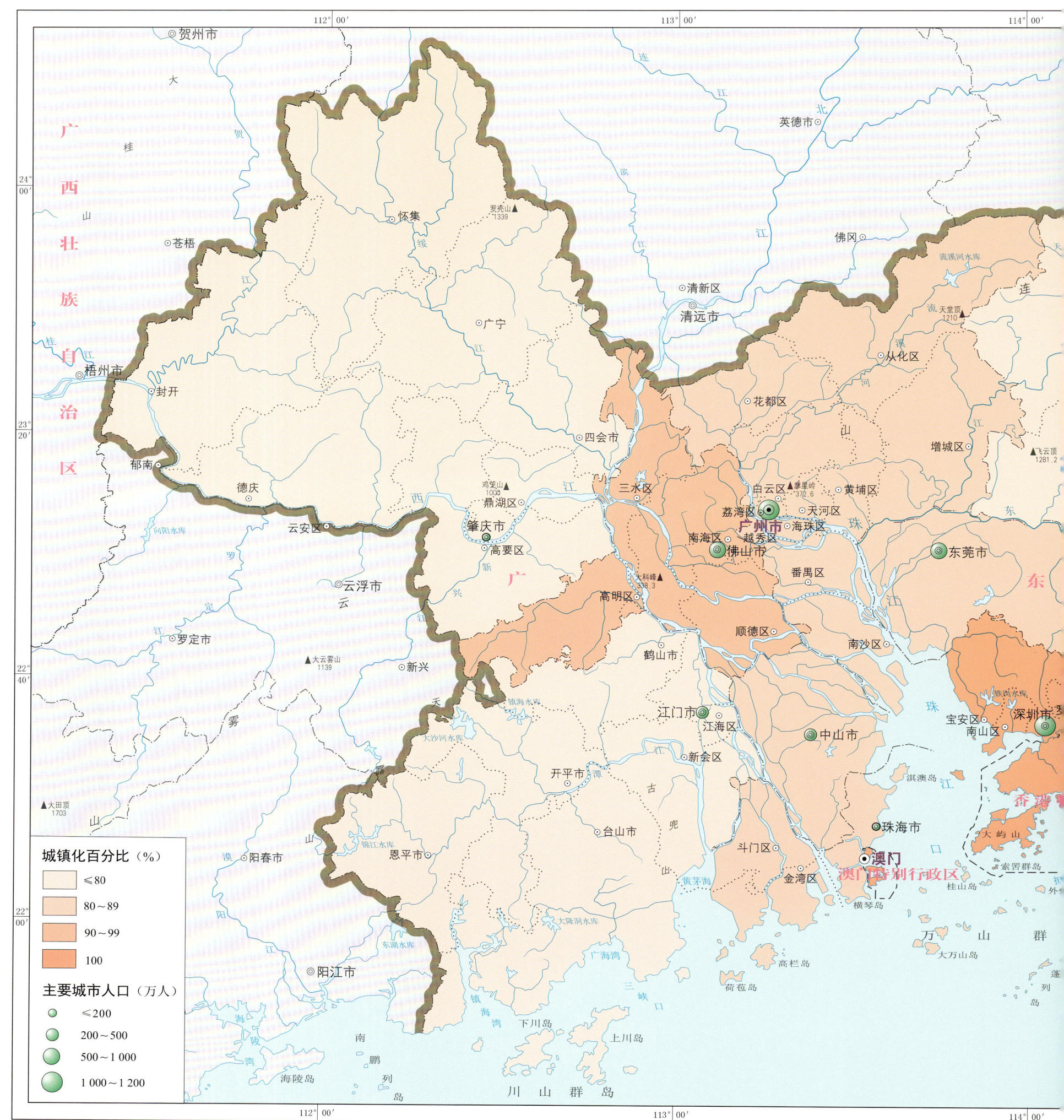

资料截止日期：2014年4月

资料来源：珠三角经济区城镇化水平数据来源于《变迁30年：珠三角城镇化30年编年史》《珠三角城镇化可持续发展的困境及对策》《珠江三角洲城镇化研究述评》《珠江三角洲城镇化研究30年》等专著及论文，澳门和香港数据来自其官网。

1.6.1 珠三角经济区城镇化现状

改革开放以来，广东城镇化发展取得了巨大成就，城镇化与工业化一道成为推动广东经济社会发展和现代化建设的主要动力。1978—2013年，广东城镇化率从 16.9% 提高至 67.76%，珠三角城市群成为我国三大城市群之一，城镇化实现了历史性跨越（图1）。广东已成为全国城镇化率最高的省份，城镇化率已基本达到中等发达国家水平。珠三角经济区是全国城镇化率最高的区域之一，其城镇化率已经达到发达国家水平。

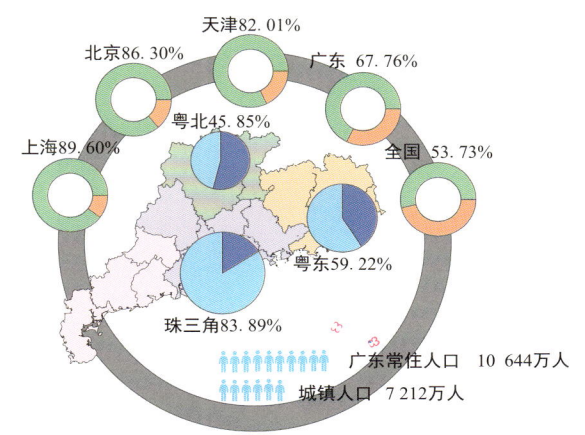

图1 国家主要城市城镇化率示意图（广东省统计局，2013）

1.6.2 城镇化发展阶段

1. 城镇化起步阶段（1978—1980年代末期）

1978年，党的十一届三中全会决定了全党全社会的工作中心转向经济建设，提出改革开放政策。在1979年国家批准设立深圳、珠海经济特区后，珠三角经济区的经济得到快速发展，珠三角经济区出现了农业快速增长、乡镇企业快速发展、外商直接投资迅速增多以及吸引大量农村剩余劳动力的农村城镇化现象。

2. 城镇化快速发展阶段（1980年代末期—21世纪初）

在1980年代末期，随着全国改革开放的层次从城市深入到农村，大量农村剩余劳动力和城市中的科技人员涌入珠三角经济区，使其城镇人口数量和城镇规模迅速增加。到1990年代初，珠三角经济区已经成为我国人口迁入量最大的地区。由于吸引的外资大都来自香港，迁移人口的分布与集聚程度取决于与香港的距离，形成以珠江口为核心的圈层集聚结构。大量外来人口的流入，在珠江三角洲形成了一个丰富的劳动力市场，满足了珠三角地区对劳动力的需求，形成了低成本劳动力的来源，促进了该经济区的产业结构调整，也成为该经济区城镇化持续增长的源泉之一。到20世纪90年代中期，约80%的香港厂商已经在珠三角经济区设厂，香港塑胶业的80%～90%、电子业的85%、钟表业和玩具业的90%都迁到珠三角经济区。其后台湾的电子产业，主要是电脑周边产品，通过香港持续进入。到21世纪初，珠三角经济区已经成为"世界工厂"。

3. 城镇化成熟发展阶段（21世纪初至今）

进入21世纪以后，随着我国经济体制的全面开放，全球化的不断深入，珠三角经济区的城镇化进入成熟发展阶段。其主要特征为：珠三角经济区内大城市中心的带动作用越来越明显，广州、深圳的地位更突出；技术密集型、资金密集型和劳动密集型企业共同发展；多元资金共同推动城镇化发展；农村城镇化地区与大城市间的经济关系越来越密切；出口市场更显多元化；低端制造业逐步升级；大量农村富余劳动力和高素质优秀人才不断增加；城镇化的重点转向依靠机制和体制的内涵因素等。

1.6.3 总结

改革开放以来，珠三角经济区的城镇化发展属典型的传统城镇化进程，即珠三角经济区的城镇化主要是工业化过程拉动的城镇化，是低成本（包括低成本土地和低成本人力等因素）强行推进的城镇化。为此，珠三角经济区的城镇化应该加强城市之间的联系以形成真正的城市联盟，继续加强城间扁平化网络的联系，不断提高该地区在全球经济中的地位。

1.7 珠三角经济区发展规划图

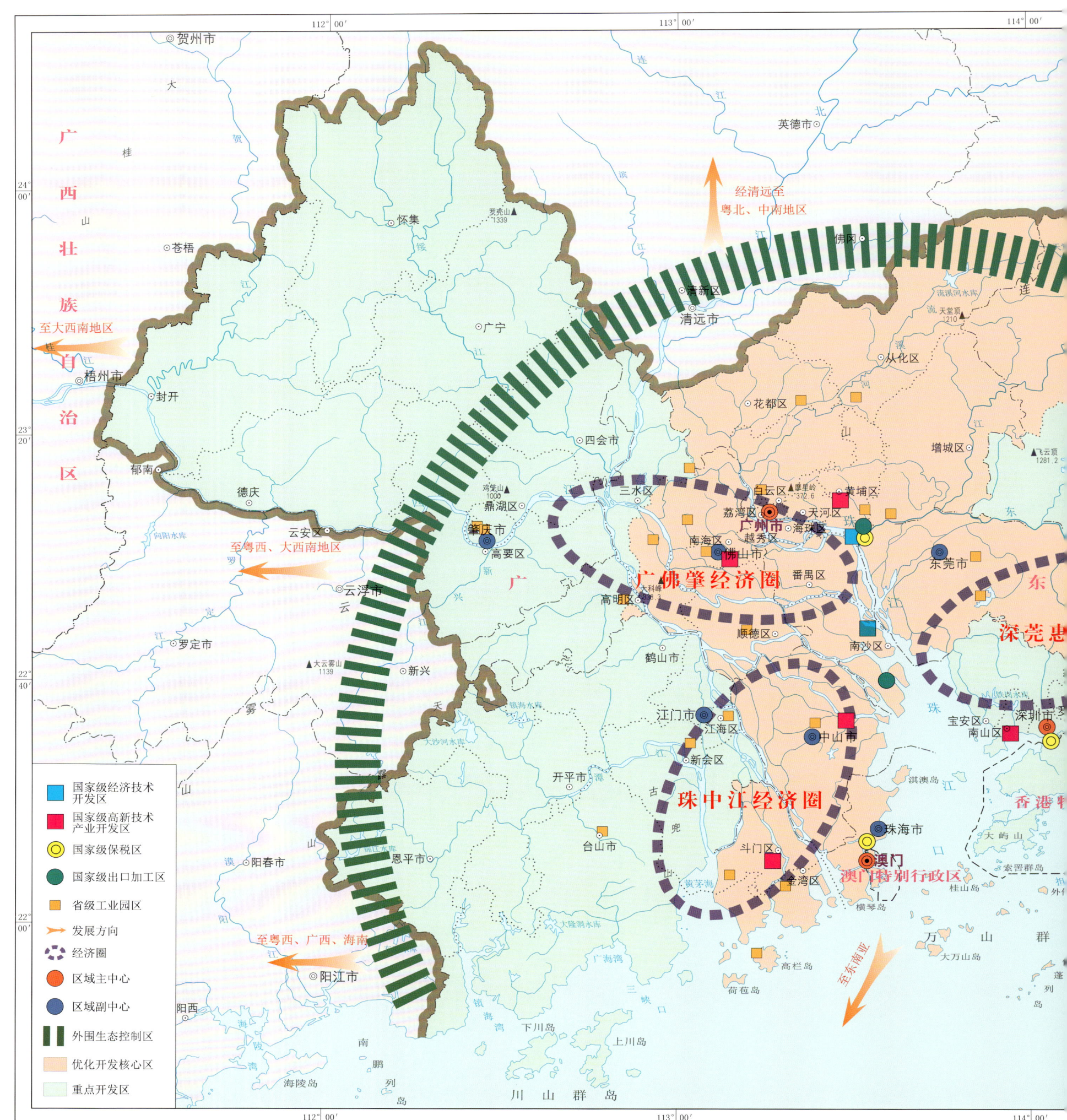

资料截止日期：2014年4月
资料来源：珠三角经济区发展规划图数据来源于珠江三角洲全域规划官网（2009—2020年）。

1.7.1 国土空间划分及说明

《珠三角经济区发展规划图》展示了珠三角经济区国土空间开发方式分类、经济圈、发展中心城市、生态绿化发展区域及未来产业转移方向。

该区国土空间划分为优化开发核心区（图中粉红色区域）和重点开发区（图中绿色区域）。

优化开发核心区，包括广州、深圳、珠海、佛山、东莞、中山6个地级以上市的全部县（市、区），以及惠州市、江门市、肇庆市的主城区。对优化开发区域，实行转变发展方式优先的绩效评价，强化对经济结构、资源消耗、环境保护、自主创新以及外来人员公共服务面等指标的评价，弱化对经济增长速度、招商引资、出口等指标的评价。

重点开发区，主要指的是珠三角经济区除核心区的外围区域。对重点开发区域，实行工业化和城镇化水平优先的绩效评价，综合评价经济增长、各省转移人口、质量效益、产业结构、资源消耗、环境保护以及外来人口公共服务覆盖面等内容，突出承接产业和人口转移方面的考核。

珠三角经济区产业之间、行业之间、企业之间产业关联度日益提高，其分工协作体系初步形成。城市之间竞合关系逐步确立，初步形成了广佛肇、深莞惠、珠中江三大经济圈。

随着珠三角地区土地、环境等要素的制约，珠三角经济区面临着产业升级的问题，部分劳动密集型、资源消耗型、环境污染型产业将转移或延伸至珠三角经济区以外的地区。珠三角经济区产业往东转移，主要转移至粤东等沿海地区，往北主要是粤北、湖南、江西等地，往西主要是粤西及广西，往南产业转移主要为东南亚国家。

《珠江三角洲环境保护一体化规划（2009—2020年）》中重点强化了珠江三角洲生态保护问题，形成以珠江三角洲周边环状连绵山体、东江、北江、西江干流以及南部沿海近岸海域和海陆交错带为屏障的"一环一带"的珠江三角洲生态屏障。

1.7.2 总体规划目标及空间布局

1.7.2.1 主要目标

主要目标为优势产业集聚、产业分工合理、区域布局协调、资源配置高效、竞争力显著提升、生态环境优化。

1.7.2.2 总体空间布局

东岸知识密集型产业带：广州东部和中部—东莞—深圳等东岸地区，重点布局发展战略性新兴产业和高技术产业。

西岸技术密集型产业带：广州北部和南部—佛山—中山—珠海等西岸地区，重点布局发展优势传统产业以及现代服务业，形成自主化、集成化的技术密集型产业带。肇庆作为西岸腹地，重点加强沿岸产业链，成为重要的配套产业基地。

沿海生态环保型重化产业带：惠州—深圳—珠海—江门等珠三角经济区沿海地区，重点布局发展先进制造业以及商务休闲、文化创意、教育培训等现代服务业，形成规模化、集约化的临港产业带，适当布局发展现代农业。

强化广佛肇、深莞惠、珠中江三大经济圈产业的优势互补与合理布局。广佛肇经济圈以广州为中心，重点布局发展现代服务业和以装备制造业为核心的先进制造业；深莞惠经济圈以深圳为中心，重点布局发展现代服务业和以战略性新兴产业为核心的先进制造业；珠中江经济圈以珠海为中心，重点布局发展以重大成套装备为核心的先进制造业，依托优势布局发展战略性新兴产业，配套发展现代服务业。三大经济圈适度布局发展现代农业。

珠三角经济区应发挥广州、深圳、珠海、佛山、东莞、惠州、中山、江门、肇庆中心城市在资源整合、产业集聚和功能提升中的核心作用。

1.8 珠三角经济区重大基础设施分布图

1： 1 200 000 0 12 24 36 48 km

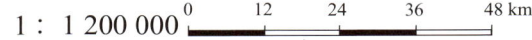

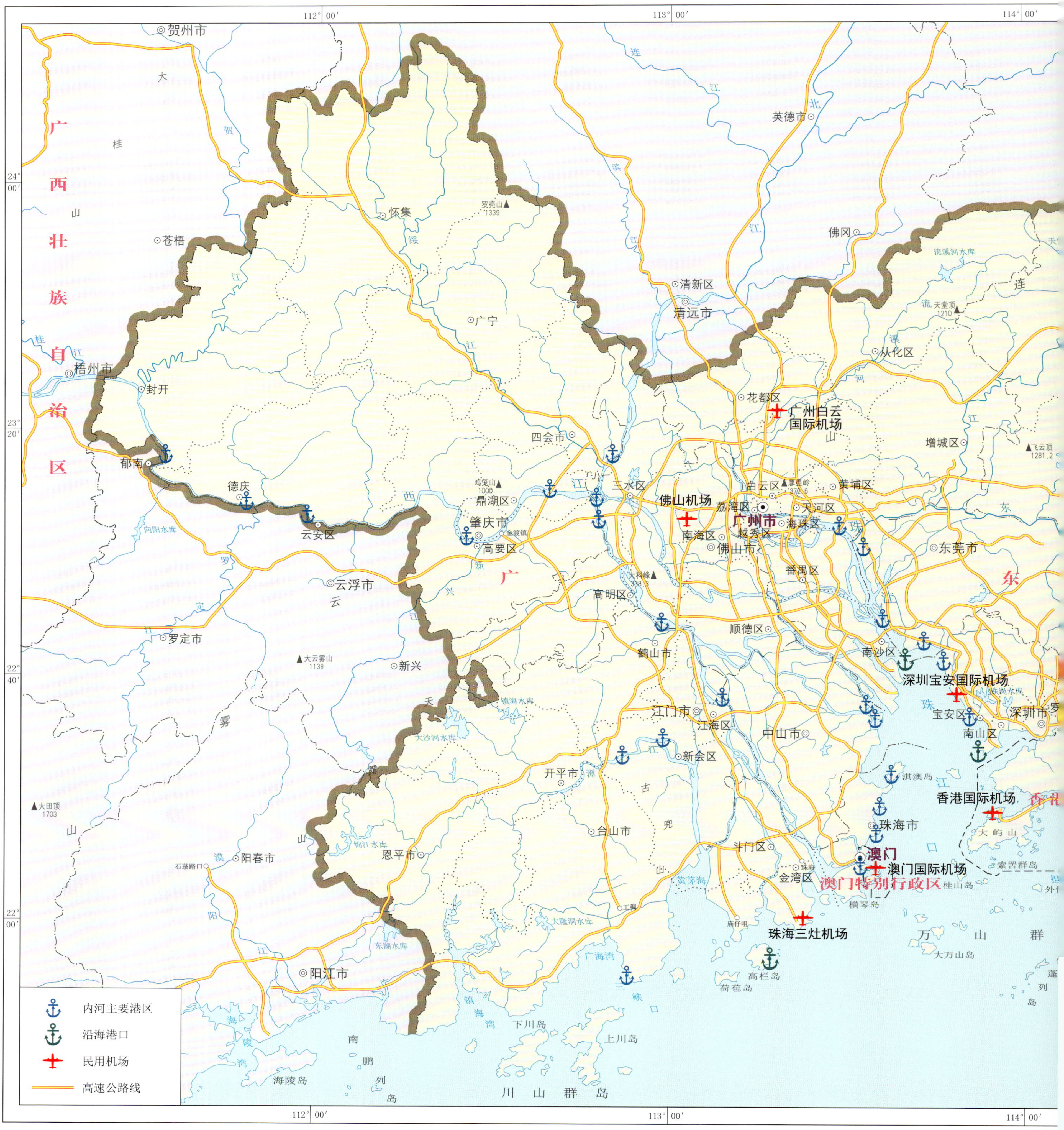

资料截止日期：2014年4月

资料来源：珠三角经济区重大基础设施分布数据来源于《珠江三角洲全域规划(2009—2020年)》中的《珠江三角洲基础设施建设一体化规划》报告及相关图件。

本图主要表述的内容有内河主要港区、沿海港口、民用机场、核电基地、石化基地、天然气主干管线和石油运输管线。其中，内河主要港区有15个，沿海港口18个，民用机场7个，核电基地3个（台山核电基地、大亚湾核电基地、汕尾核电基地），石化基地2个（广州石化基地、惠州大亚湾石化基地）。

1.8.1 重大基础设计综述

目前，珠三角经济区已初步形成以广州为中心，铁路、公路、水运、民航等多种运输方式相衔接，连通全省和全国的综合交通运输体系。其中，高速公路网基本覆盖区域所有县（市），内河航道网以千吨级航道为骨干，主要港口出海主航道均满足$5×10^4$t级别船舶通航的要求。初步形成与粤东、粤西、粤北地区电网连通的珠三角经济区的500kV双回路内外环电网骨干网架，覆盖珠三角经济区的主要城市，并连接省内现有主要炼油厂的成品油管道，以及覆盖珠江口两岸主要城市的天然气主干管道。电网、天然气管网还与香港、澳门连接，加强了对港澳的能源保障。另外，在珠三角经济区基础通信网络已建成核心环、西环和东环，有线电视光缆干线网覆盖全省所有市、县（区），形成空中、地面、水下的立体通信传输网络，基础信息资源一体化建设初见成效。

1.8.2 重大基础设计分述

1. 交通运输设施

截至2011年末，珠三角经济区公路通车里程$5.6×10^4$km，占全省的30%；高速公路通车里程2 872km，占全省的57%。轨道运营里程1 277km，占全省的43.3%；港口总吞吐量$10.56×10^8$t，占全省总量的79%；集装箱吞吐量4 447.3万标准箱，占全省总量的96.4%；广州、深圳、珠海、佛山4个机场旅客吞吐量7 522万人，占全省的96.8%；货邮吞吐量$202.7×10^4$t，占全省的99.4%。

区域机场密集分布，枢纽机场地位突出，广州、深圳、珠海机场与相邻的香港、澳门机场，构成了"全球最密集机场群"，集聚程度远高于长三角地区。广州机场在国际航空客运方面占据优势，构筑了相对密集的国际航运网络；深圳机场货运发展良好。港口体系层级明晰，形成以$4×10^8$t大港为主，多个中小港口为补充的多层次港口群，有力地支撑了进出口贸易的发展，也是我国最为重要的集装箱枢纽港之一。

2. 能源设施

进入21世纪，广东也顺应国际产业转移的大形势，建设沿海石化产业带，在珠三角经济区内布局建设了2个石化基地：惠州大亚湾石化基地、广州石化基地。

珠三角经济区核电建设方兴未艾，1994年投入运行的大亚湾核电站和后期的岭澳核电站共同组成了大亚湾核电基地。另外，在台山、汕尾等地的核电站建设组成了珠三角经济区沿海核电基地。

3. 能源输送设施

广东省现有天然气源主要是深圳大鹏湾LNG接收站（$600×10^4$t/a）、西气东输二线（$100×10^8$t/a）和海上天然气源，管网方面，大鹏湾配套管线和广东省主干管网一期工程已建成，可连接珠三角经济区各市的输气主干管网。

珠三角经济区成品油管道工程西起湛江三岭山油库，途经茂名、佛山、广州等地市，东抵深圳大鹏湾和惠州大亚湾，覆盖珠三角地区，全长约1 150km。另外，它与华南管网所辖的另一条管道（西南成品油管道）先后建成，中国南方已形成运转快捷、调节自如的跨省区输油大动脉，极大地增强了中国南方油品供应保障能力和市场调控能力。

1.8.3 总结

近年来，珠三角经济区基础设施建设不断加速，以内河航运、机场航空、铁路、高速公路为主的交通运输设施，以石化基地、核电基地为主的能源设施，以石油、天然气管道为主的能源运输设施为主要构成的重大基础设施建设，正在显著改善和提升珠三角经济区内外的共建共享和互联互通水平，为经济发展的不断增强提供了强大的支撑。

2 地质资源类

2.1 珠三角经济区地下水资源分布图

1∶ 1 200 000　0　12　24　36　48 km

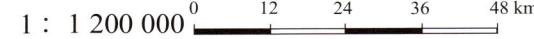

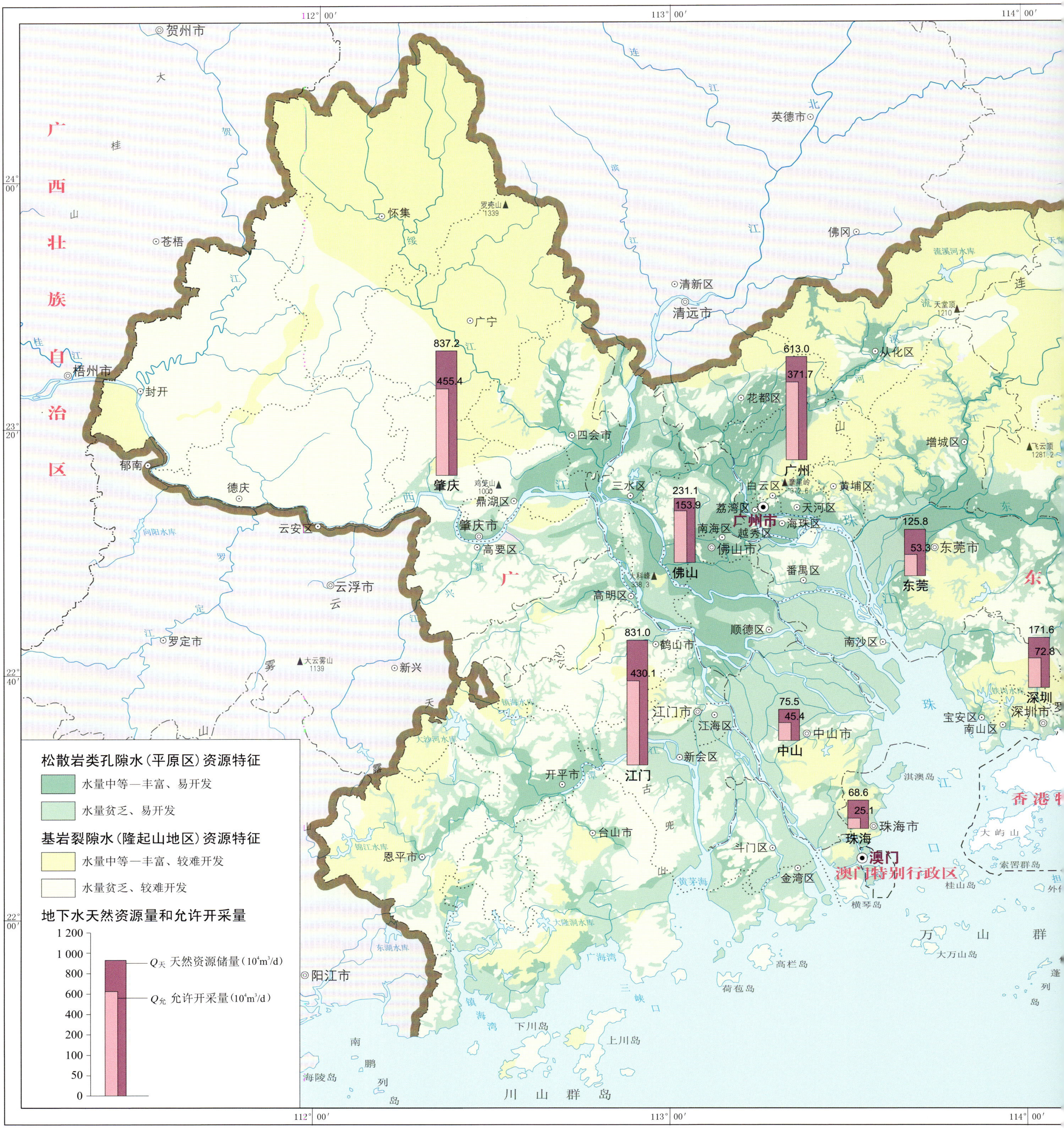

资料截止日期：2014年4月

资料来源：本图件资料主要来源于“珠三角经济区1∶25万生态环境地质调查”“1∶20万区域水文地质普查及部分城市综合地质调查”等项目成果，香港资料暂缺。

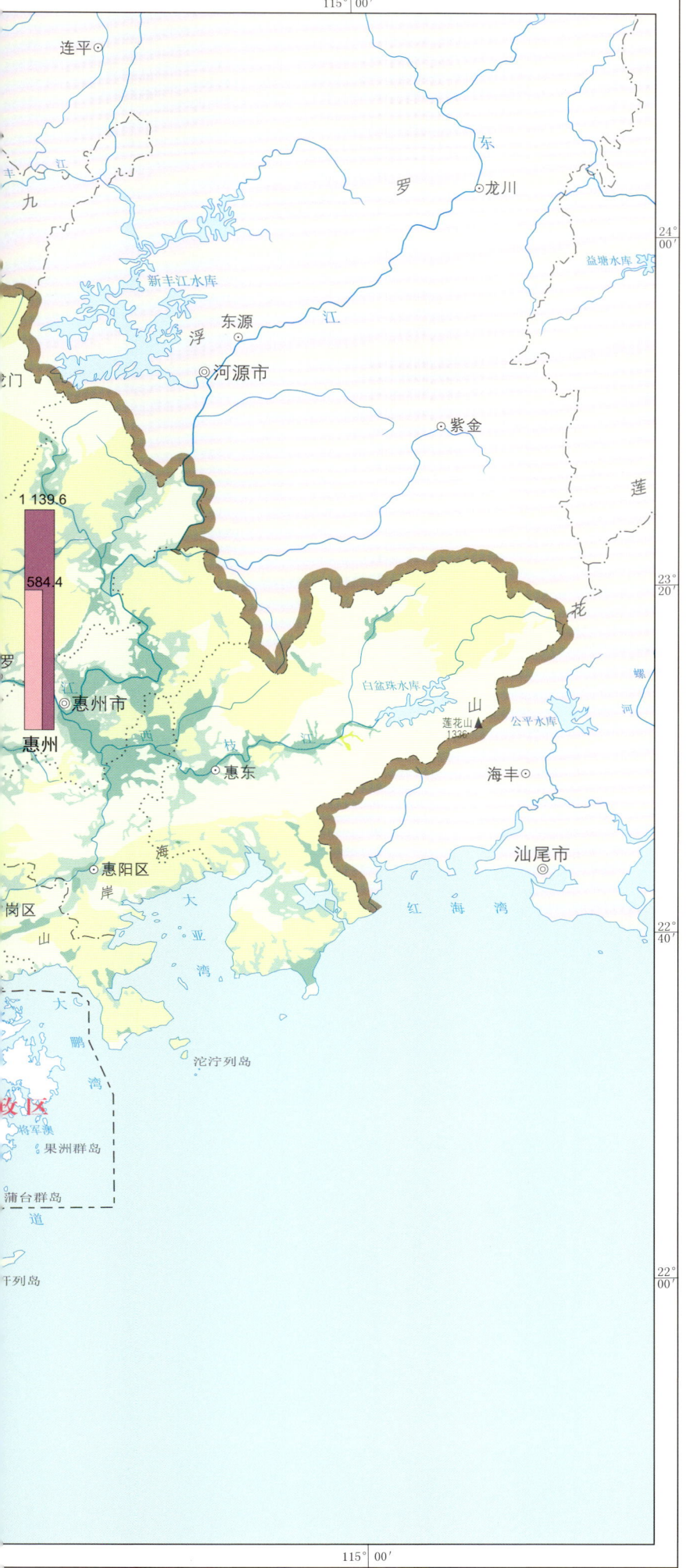

2.1.1 地下水类型及富水程度

地下水类型按储水介质分为松散岩类孔隙水和基岩裂隙水两种。其中松散岩类孔隙水主要储存于平原区及山间盆（谷）地的砂土孔隙中，基岩裂隙水主要储存于隆起山地的岩石裂隙和隐伏岩溶盆地的岩石裂隙溶洞中。地下水富水程度按单井涌水量分为水量丰富、中等和贫乏3级，见表1。

表1 珠三角经济区地下水类型及富水程度一览表

地下水类型	分布区域	单井涌水量 (m³/d)	富水程度	开采难易程度
松散岩类孔隙水	平原区及山间盆（谷）地	> 1000	水量丰富	易开发
		100～1000	水量中等	
		< 100	水量贫乏	
基岩裂隙水	隆起山地及隐伏岩溶盆地	> 1000	水量丰富	较难开发
		100～1000	水量中等	
		< 100	水量贫乏	

2.1.2 地下水资源分布特征及开采条件

松散岩类孔隙水广泛分布于河谷平原、滨海平原及珠三角河网区，由于其含水层结构松散，水位埋深浅，多为0～5.68m，故其找水及开采技术难度不大，容易开发利用。其中，水量中等—丰富区主要分布于河谷平原、珠三角河网区局部的地段及滨海平原后缘，单井涌水量为102～7 019m³/d。水量贫乏区分布于水量中等—丰富区以外的地段，单井涌水量小于100m³/d。区内除了充水断裂带及隐伏岩溶盆地等局部地段可揭露出水量中等—丰富的基岩裂隙水外，其余地段钻孔出水量小，水量贫乏。由于基岩裂隙水的储水条件较为复杂，给找水和开采带来较高的技术要求，故其较难开发。

2.1.3 地下水资源量

地下水资源量可用天然资源量（$Q_天$）和允许开采量（$Q_允$）来表示。经估算，珠三角经济区地下水天然资源量为4 093.4×10⁴m³/d（含松散岩类孔隙水为1 001.9×10⁴m³/d，基岩裂隙水为3 091.5×10⁴m³/d），允许开采量为2 192.1×10⁴m³/d（含松散岩类孔隙水为441.4×10⁴m³/d，基岩裂隙水为1 750.7×10⁴m³/d），见表2。

根据地下水的储存特征及其潜在开发价值，建议选取水量中等以上、具有集中供水意义的孔隙水块段和隐伏岩溶盆地规划为城镇后备（应急）供水的水源地。由于珠三角经济区目前的饮用水源基本上为地表水，地下水大都为零星开采，规模小，故地下水开发利用程度低，具较大开发潜力。

表2 珠三角经济区地下水资源量一览表

地级市	天然资源量 ($Q_天$, 10⁴m³/d)		允许开采量 ($Q_允$, 10⁴m³/d)	
	孔隙水	基岩裂隙水	孔隙水	基岩裂隙水
广州	147.5	465.5	88.1	283.6
佛山	148.3	82.8	97.5	56.4
惠州	228.7	910.9	91.9	492.5
深圳	36.7	134.9	5.4	67.4
东莞	41.2	84.6	26.2	27.1
中山	10.5	65.0	1.5	43.9
珠海	27.6	41.0	6.9	18.2
肇庆	91.2	746.0	51.9	403.5
江门	270.2	560.8	72	358.1
小计	1 001.9	3 091.5	441.4	1 750.7
合计	4 093.4		2 192.1	

2.1.4 社会经济和水资源利用保护的关系

随着珠三角经济区经济的高速发展，"三废"的大量无序排放及引污农灌等，已造成珠三角平原浅层地下水普遍遭受不同程度的污染，地下水质量遭受较大程度的威胁。为此，建议政府及有关部门加大投入，全面开展高精度的地下水资源勘查和水污染调查研究，开展地下水资源功能区区划与研究，为珠三角经济区重大工程建设提供技术支撑和科学依据；加强对地下水的监督和管理，确保高速发展经济的同时，做好生态环境保护措施，有效地保护好地下水资源。

2.2 珠三角经济区应急地下水水源地潜力分布图

1∶1 200 000　0　12　24　36　48 km

资料截止日期：2014年4月

资料来源：本图件资料主要来源于“珠三角经济区1∶25万生态环境地质调查成果”“珠三角经济区应急水源地地下水资源勘查评价成果”及“1∶20万区域水文地质普查”等项目成果，香港、澳门资料暂缺。

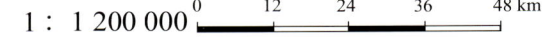

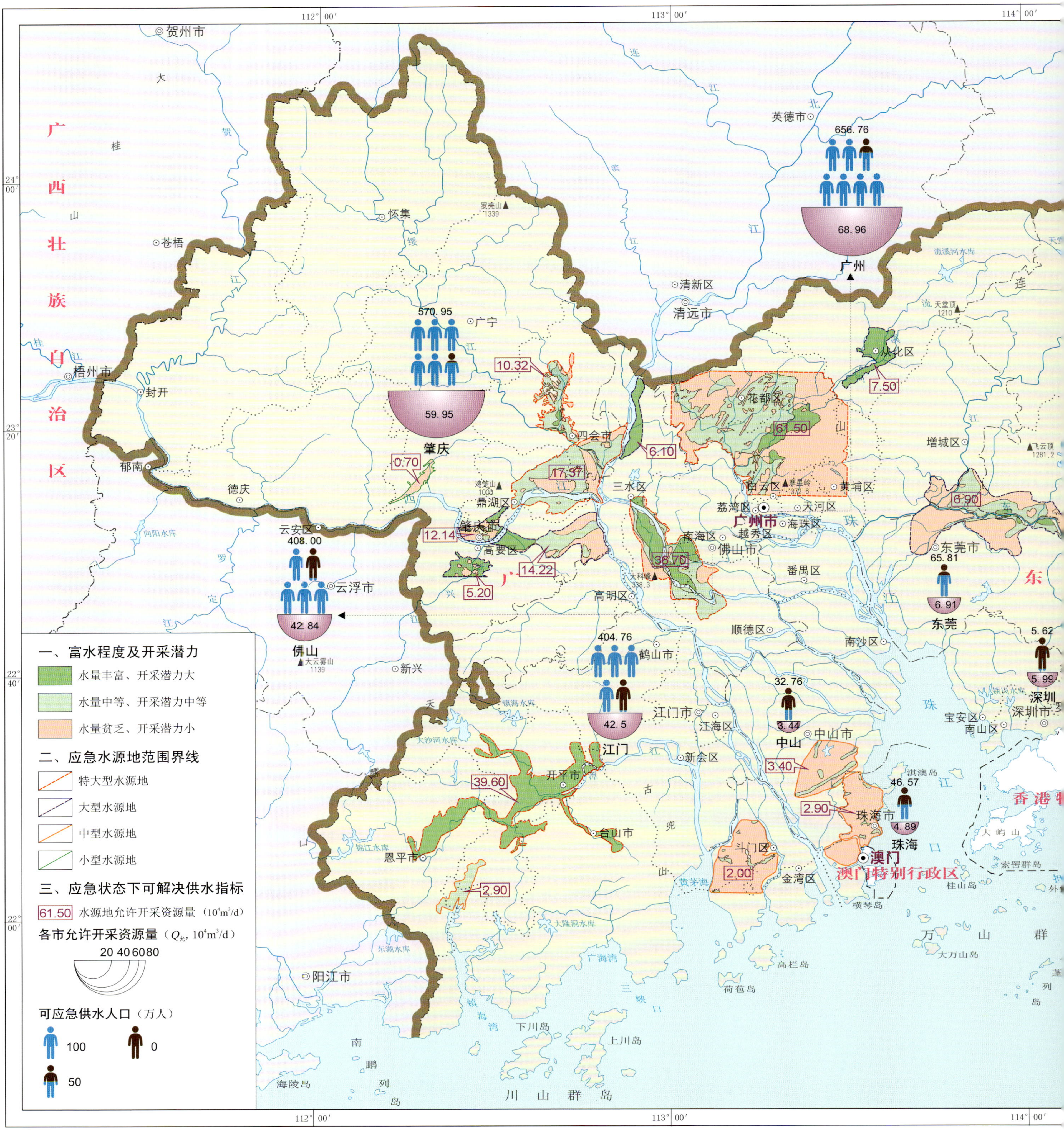

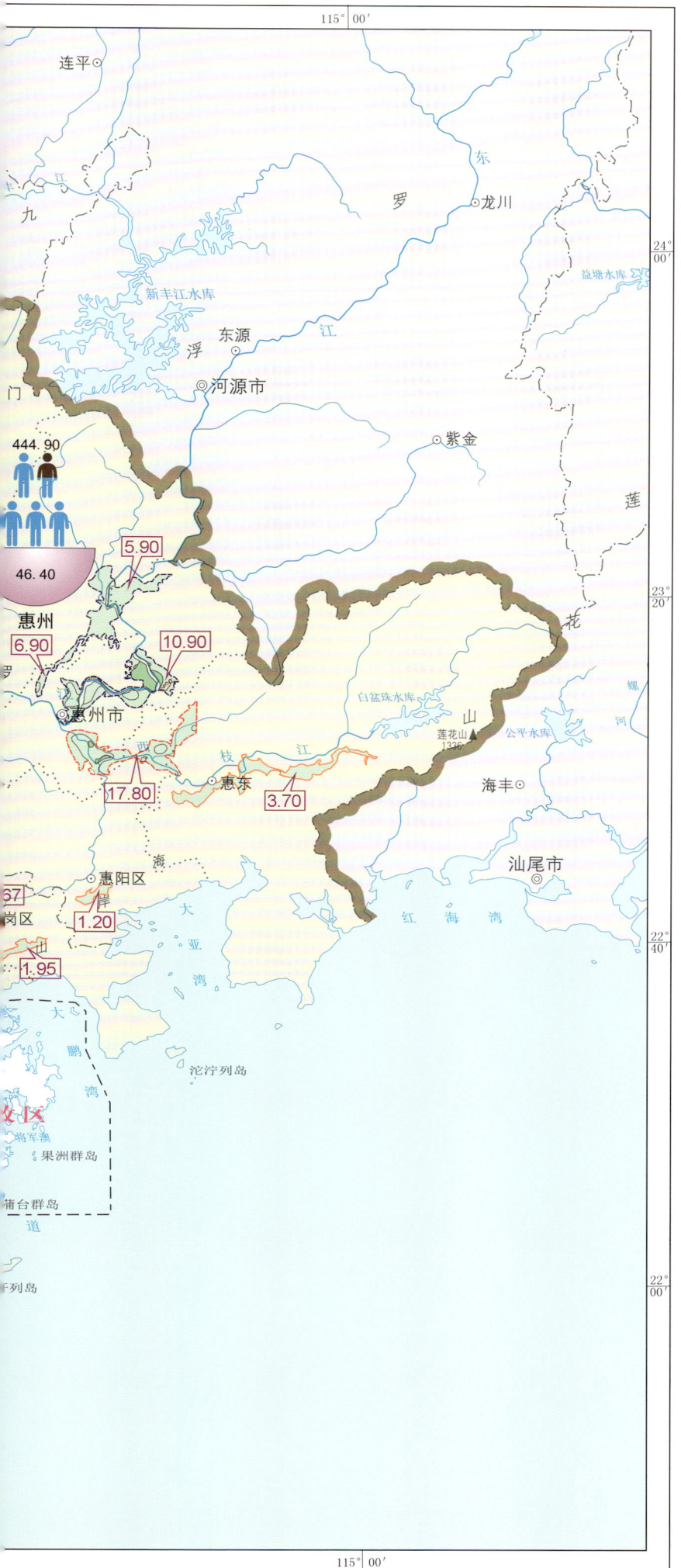

2.2.1 编图背景及目的

随着珠三角经济区经济的高速增长、人口的迅猛增加、城市化水平的日益提高，在用水需求量急剧增加和水污染日益严重等因素的影响下，水质性缺水逐年严重，水资源危机已逐渐显现。另外，已发生的因有毒有害化学物资泄漏等因素造成江河水体污染（如2013年7月6日西江上游贺江及2005年12月15日北江的水污染事件）的突发性事件，曾严重威胁下游该区全部以利用地表水作为供水水源的城市供水安全和居民饮水安全。为此，针对突发性事故、化学战争等因素，本图件的编制可为政府未来规划、城市建设规划和下一步开展应急地下水水源地勘查评价、未来应急开采地下水提供参考依据和技术指引，其意义重大且影响深远。

2.2.2 应急地下水水源地资源概况

珠三角经济区应急地下水水源地主要分布于河流冲积平原和隐伏岩溶盆（谷）地中，总体形成23处中型规模以上且具有一定的集中供水前景、未来可作为附近城镇后备或应急供水的地下水水源地。初步估算，应急地下水水源地天然资源量为 $663.40 \times 10^4 m^3/d$，允许开采资源量（$Q_{允}$）为 $281.51 \times 10^4 m^3/d$，见表1。

表1 珠三角经济区地下水资源量一览表

地级市	水源地（处）大型以上	水源地（处）中型	天然资源量 ($10^4 m^3/d$)	允许开采资源量 ($Q_{允}$, $10^4 m^3/d$)	可应急供水人口（万人）	允许开采模数 (M_k, $m^3/d \cdot km^2$)
广州	2		160.39	68.96	656.76	813～1028
佛山	2		59.23	42.84	408.00	402～5766
惠州	4	2	83.97	46.40	441.90	337～4871
深圳		2	8.01	5.62	53.52	537
东莞	1		36.44	6.91	65.81	315～1161
中山		1	43.89	3.44	32.76	188～643
珠海		2	15.08	4.89	46.57	314～1780
肇庆	5		151.53	59.95	570.95	446～11164
江门	1	1	104.86	42.50	404.76	557～1002
合计	15	8	663.40	281.51	2681.03	

2.2.3 应急地下水水源地规模

按水源地允许开采资源量的大小分为4种类型：允许开采资源量大于 $15 \times 10^4 m^3/d$ 为特大型水源地，介于 $5 \times 10^4 \sim 15 \times 10^4 m^3/d$ 为大型水源地，介于 $1 \times 10^4 \sim 5 \times 10^4 m^3/d$ 为中型水源地，小于 $1 \times 10^4 m^3/d$ 为小型水源地。珠三角经济区有特大型水源地5处（广州市、佛山市、惠州市、肇庆市、江门市各1处）、大型水源地10处（广州市、佛山市和东莞市各1处，惠州市3处，肇庆市4处）、中型水源地8处（惠州市、深圳市和珠海市各2处，中山市和江门市各1处）、小型水源地1处（肇庆市），见表1。

2.2.4 应急地下水水源地潜力分级

应急地下水水源地潜力按资源允许开采模数（M_k）的大小分为3级：$M_k > 1000 m^3/d \cdot km^2$ 为水量丰富、开采潜力大；$M_k = 250 \sim 1000 m^3/d \cdot km^2$ 为水量中等、开采潜力中等；$M_k < 250 m^3/d \cdot km^2$ 为水量贫乏、开采潜力小。

2.2.5 应急水源地对经济区的补给作用

在应急状态下，按供水标准定额（每人 $0.105 m^3/d$）计算，该经济区地下水允许开采资源量可解决应供水人口 2 681.03 万人（表1），具巨大的、潜在的社会经济效益。

2.2.6 下一步工作建议

政府职能部门应高度重视地下水资源利用，将应急地下水水源地研究工作纳入到相关规划中，加大勘查工作力度和研究精度，进一步查明资源量；规划建设一定规模的应急供水备用井及完善的应急供水配套设施；设立保护机制和管理机构，加强地下水资源的保护和管理，做到未雨绸缪，有的放矢。

2.3 珠三角经济区土地利用现状图

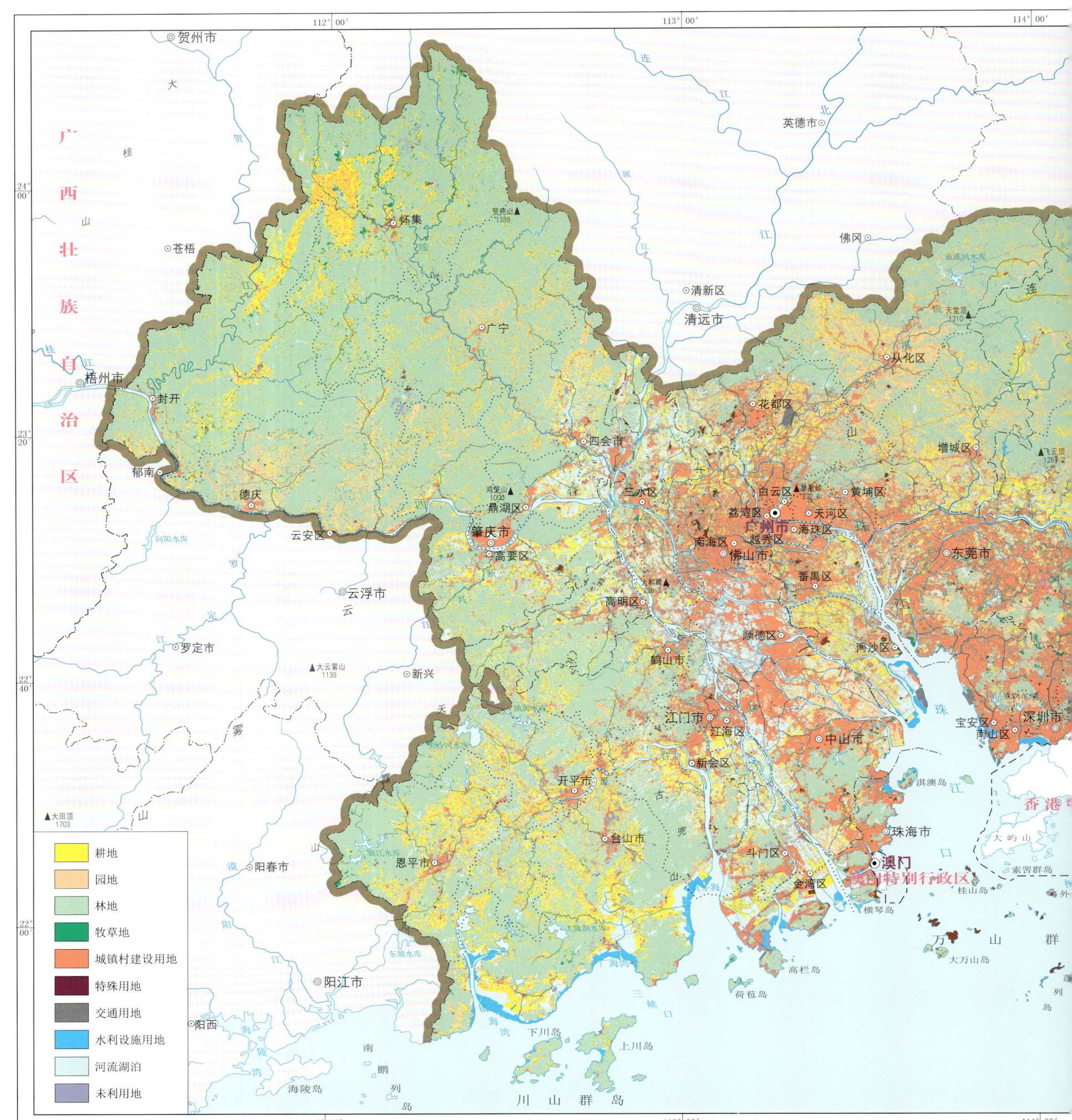

资料截止日期：2014年4月
资料来源：土地利用方式资料主要来源于广东省国土资源技术中心"广东省2014年变更调查国家入库成果"，香港、澳门资料暂缺。

2. 地质资源类

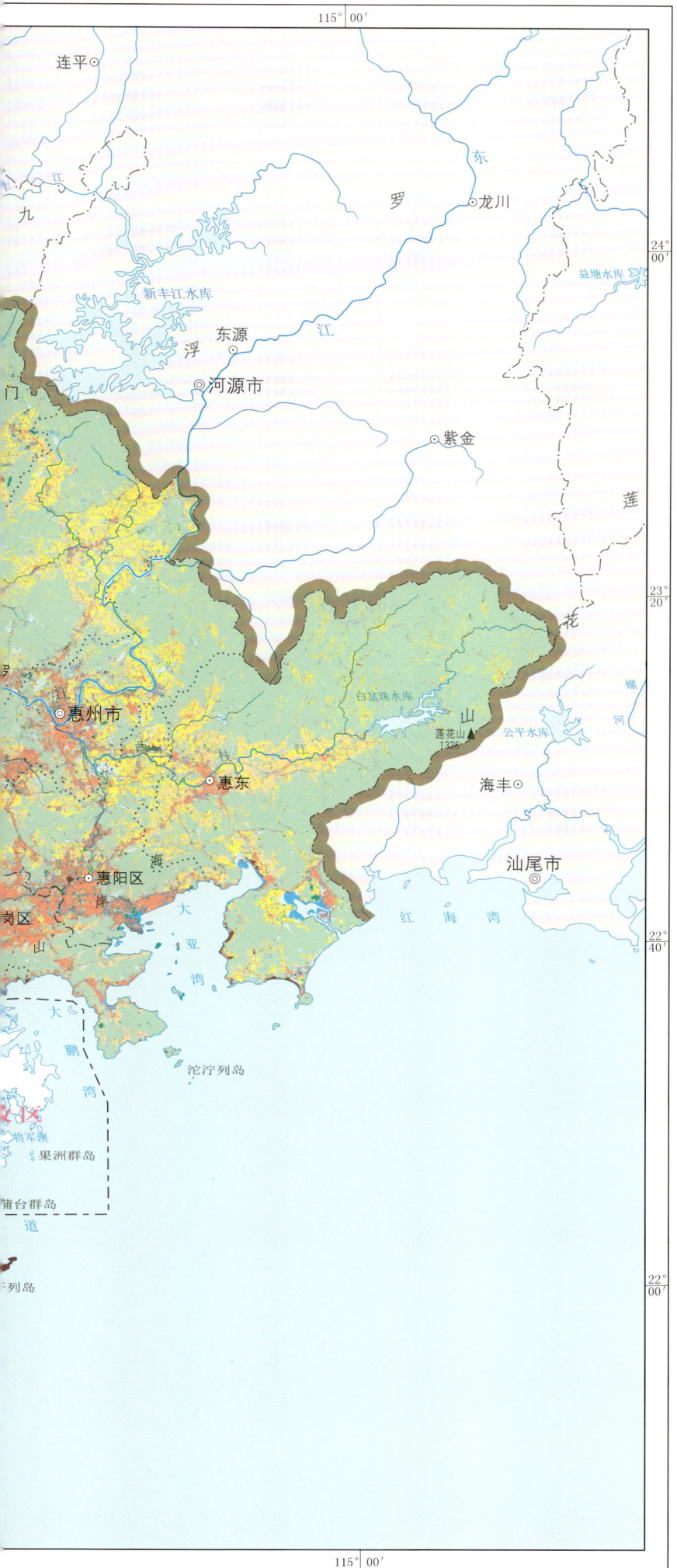

按照珠三角经济区土地资源分类设色表示，共有耕地、园地、林地、牧草地、城镇村建设用地、特殊用地、交通用地、水利设施用地、河流湖泊和未利用地10类。

各类土地资源分布特征为：珠三角经济区土地资源面积约54 754km²，依照其分类，林地所占比例最大，其次是城镇村建设用地，再次是耕地（图1）。

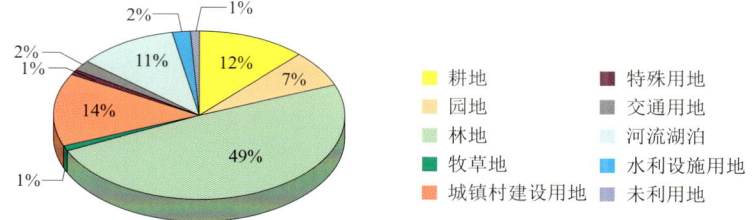

图1 珠三角经济区土地资源类型图

珠三角经济区城镇村建设用地面积较大。珠三角经济区是我国主要经济发达地区之一，是广东省的经济中心，城镇化进程较快，城镇村建设用地所占比例较大，用地面积排名前五的是广州市、佛山市、东莞市、深圳市、江门市（图2）。

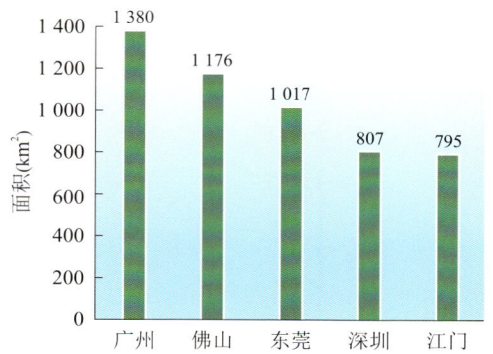

图2 珠三角经济区城镇村建设用地面积排名前五城市统计图

江门市耕地面积最大，肇庆市耕地面积次之。有效保护有限耕地资源是珠三角经济转型发展所面临的又一重大课题。珠三角经济区耕地资源主要分布在城镇化进程较慢的江门市、肇庆市、惠州市。城镇化进程发展较快的深圳市、中山市、东莞市则耕地面积极少（图3）。

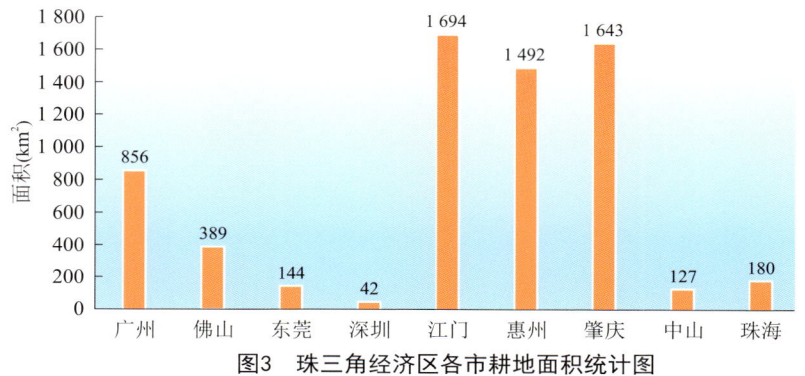

图3 珠三角经济区各市耕地面积统计图

林地主要分布于肇庆市。肇庆市林地资源较丰富，在珠三角经济区内排名第一，主要分布于广宁县、怀集县、封开县和德庆县；中山市、东莞市、珠海市受地形地貌、城镇建设、土地利用程度等因素影响，林地资源较少（图4）。

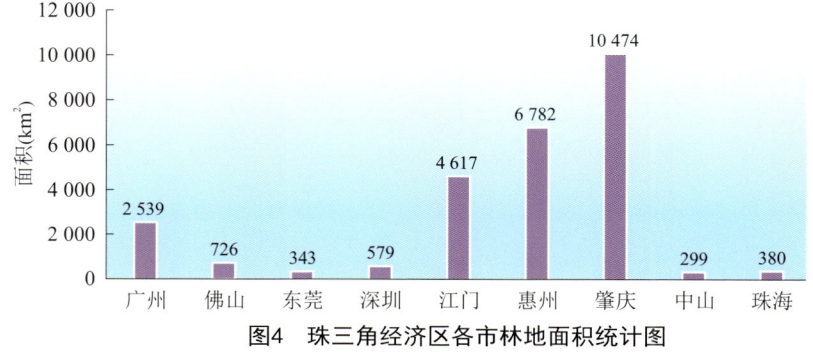

图4 珠三角经济区各市林地面积统计图

珠三角经济区不宜或难于开发的土地资源主要分布在江门市和惠州市。因宜人的气候条件以及特殊的地理位置，珠三角经济区不存在成片分布的沙漠、盐碱地，未利用的土地资源逐年减少。不宜或难于开发的土地资源主要是裸地、荒草地、沙地、田坎等，主要分布于江门市和惠州市。

2.4 珠三角经济区土壤有益元素分布图

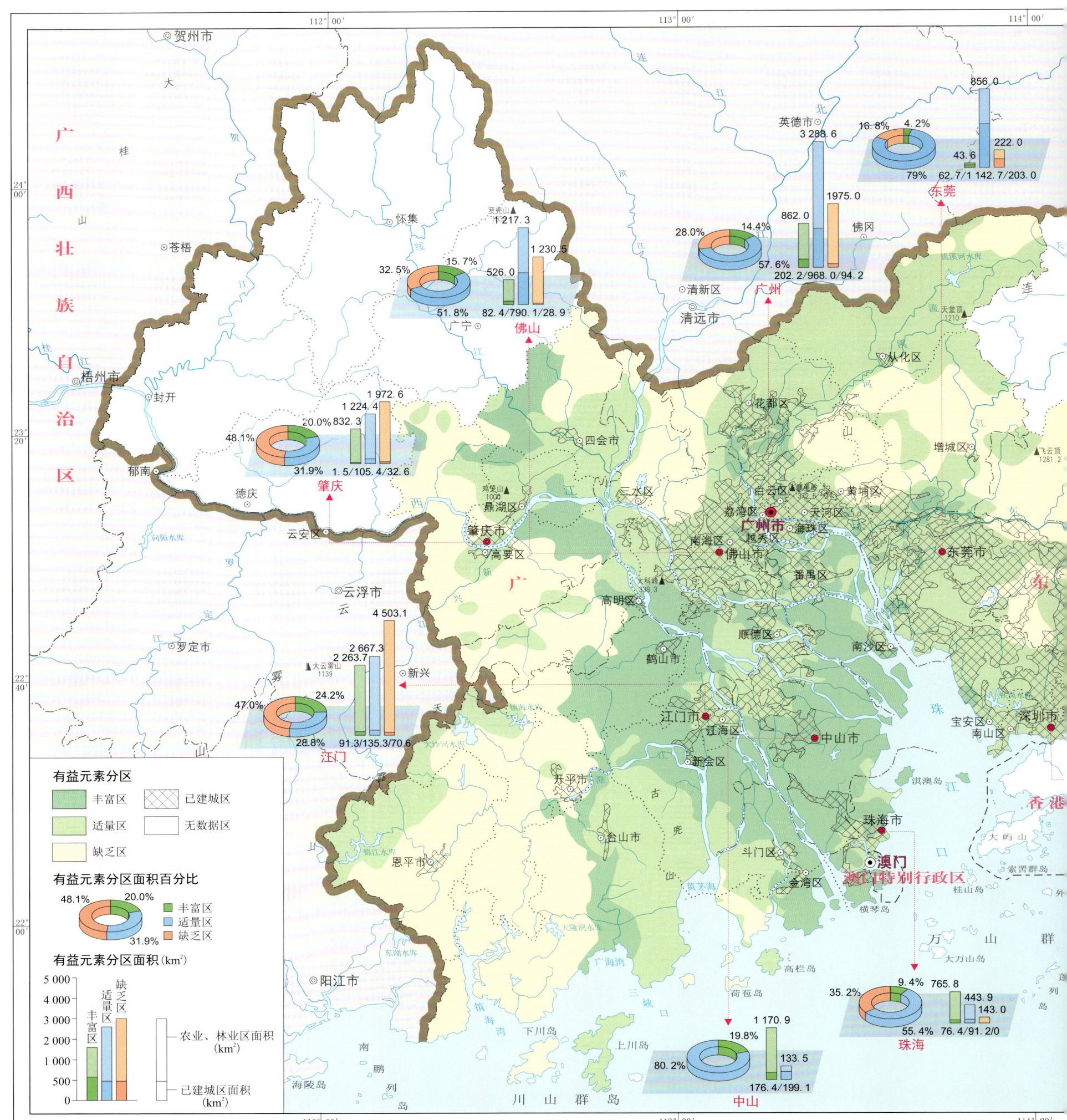

2.4.1 土壤有益元素分布特征

土壤有益元素包括氮、磷、钾、钙、镁、硫、铁、铜、钒、硼、锌、钼、锰、碘、氯、硅、钠、钴、镍、铝、铁等元素。本图表示了珠三角经济区（惠州市龙门县与肇庆市广宁县、怀集县、封开县、德庆县除外）土壤有益元素综合分区情况，并标示了区内9个地级市土壤有益元素丰富区、适量区和缺乏区占当地的比例，以及其在当地已建城区与农业区、林业区的分布特征。土壤有益元素各分区面积占比见图1。

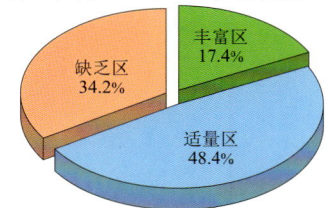

图1　珠三角经济区土壤有益元素丰富区、适量区与缺乏区面积比例图

特征一：珠三角经济区以土壤有益元素适量区为主，缺乏区次之，丰富区分布面积最小。

珠三角经济区土壤有益元素丰富区分布面积仅占17.4%，主体分布于西江、北江三角洲平原及五桂山丘陵区；土壤有益元素适量区分布面积占48.4%，主要分布于经济区中东部地区；土壤有益元素缺乏区分布面积占34.2%，主要分布于经济区西部、东北部。

从土地利用类型来看，土壤有益元素丰富、适量与贫乏的分布有90.2%、77.1%、95.8%的区段位于已建城区外围的农业、林业用地区（图2）。

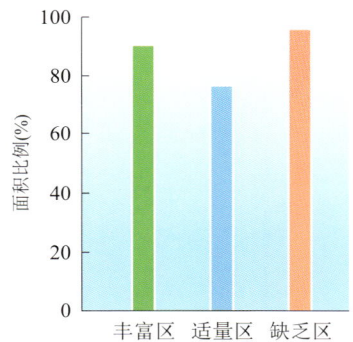

图2　珠三角经济区已建城区外围土壤有益元素丰富区、适量区与缺乏区面积占比图

特征二：珠三角经济区不同地级市土壤有益元素空间分布极为不均。

珠三角经济区各地级市中，江门市土壤有益元素丰富区面积最大，中山市、广州市次之；面积占比最大的是中山市，其次是珠海市、江门市。土壤有益元素适量区面积最大的为惠州市，其次是广州市、江门市；面积占比最大的为深圳市，依次是东莞市、广州市。土壤有益元素缺乏区面积最大的为江门市，惠州市、广州市位列第二、第三位；面积占比最大的为肇庆市，江门市、惠州市次之。各地级市土壤有益元素丰富区、适量区与缺乏区面积及占比情况见表1。

表1　珠三角经济区各地级市土壤有益元素分区情况表

地级市	丰富区(km²)	比例(%)	适量区(km²)	比例(%)	缺乏区(km²)	比例(%)
广州	1 064.2	14.4	4 256.6	57.6	2 069.2	28.0
深圳	37.1	1.8	1 936.4	92.8	113.1	5.4
珠海	842.2	55.4	535.1	35.2	143.0	9.4
佛山	608.4	15.7	2 007.4	51.8	1 259.4	32.5
东莞	106.3	4.2	1 998.7	79.0	425.0	16.8
中山	1 347.3	80.2	332.6	19.8	0	0
惠州	138.2	1.6	4 940.4	57.2	3 558.5	41.2
江门	2 355.0	24.2	2 802.6	28.8	4 573.7	47.0
肇庆	833.8	20.0	1 329.8	31.9	2 005.2	48.1

2.4.2 建议

加强用地结构优化，对城镇、农业、林业用地合理规划，并加强土壤有益元素丰富区与适量区耕地的保护，充分利用有益元素丰富区与适量区土壤资源潜力。

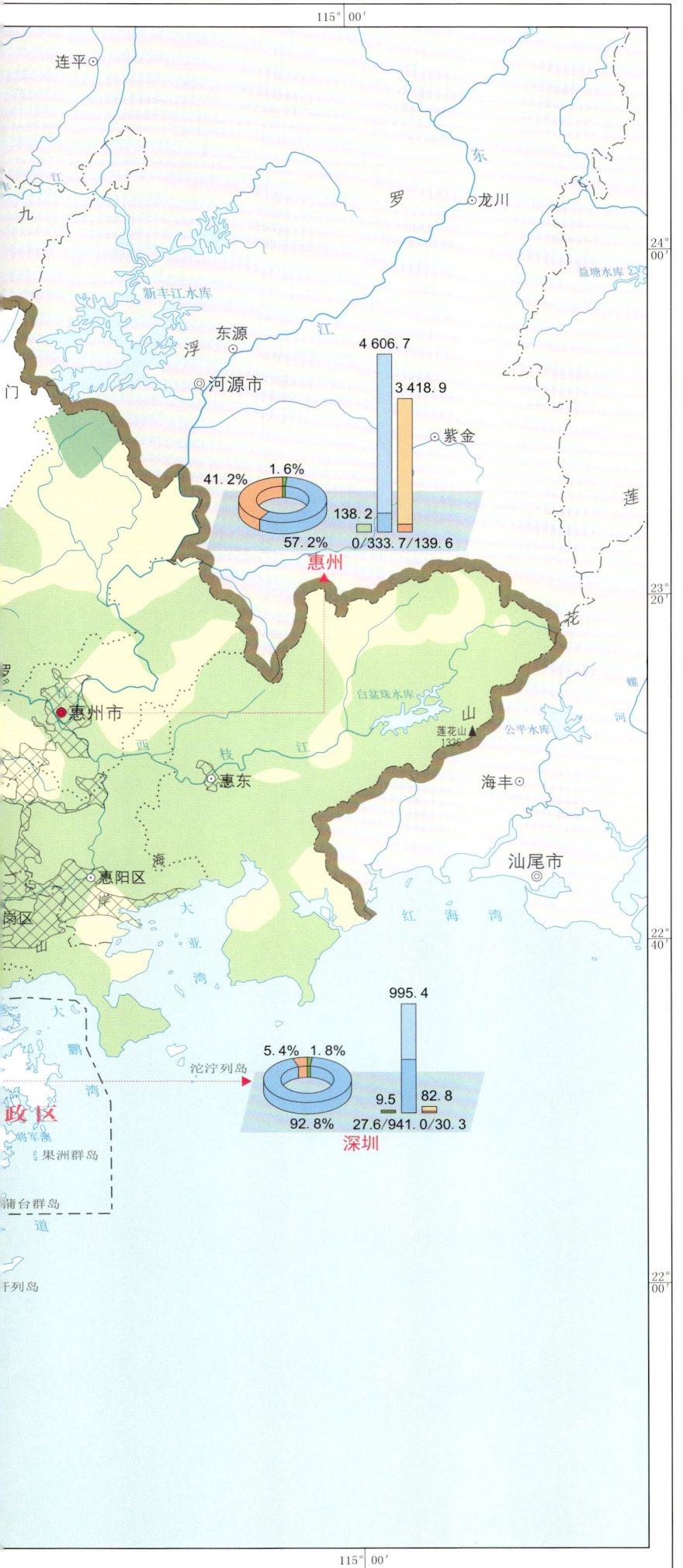

2.5 珠三角经济区富硒土壤资源图

1∶1 200 000　0　12　24　36　48 km

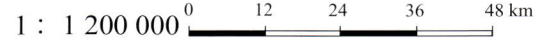

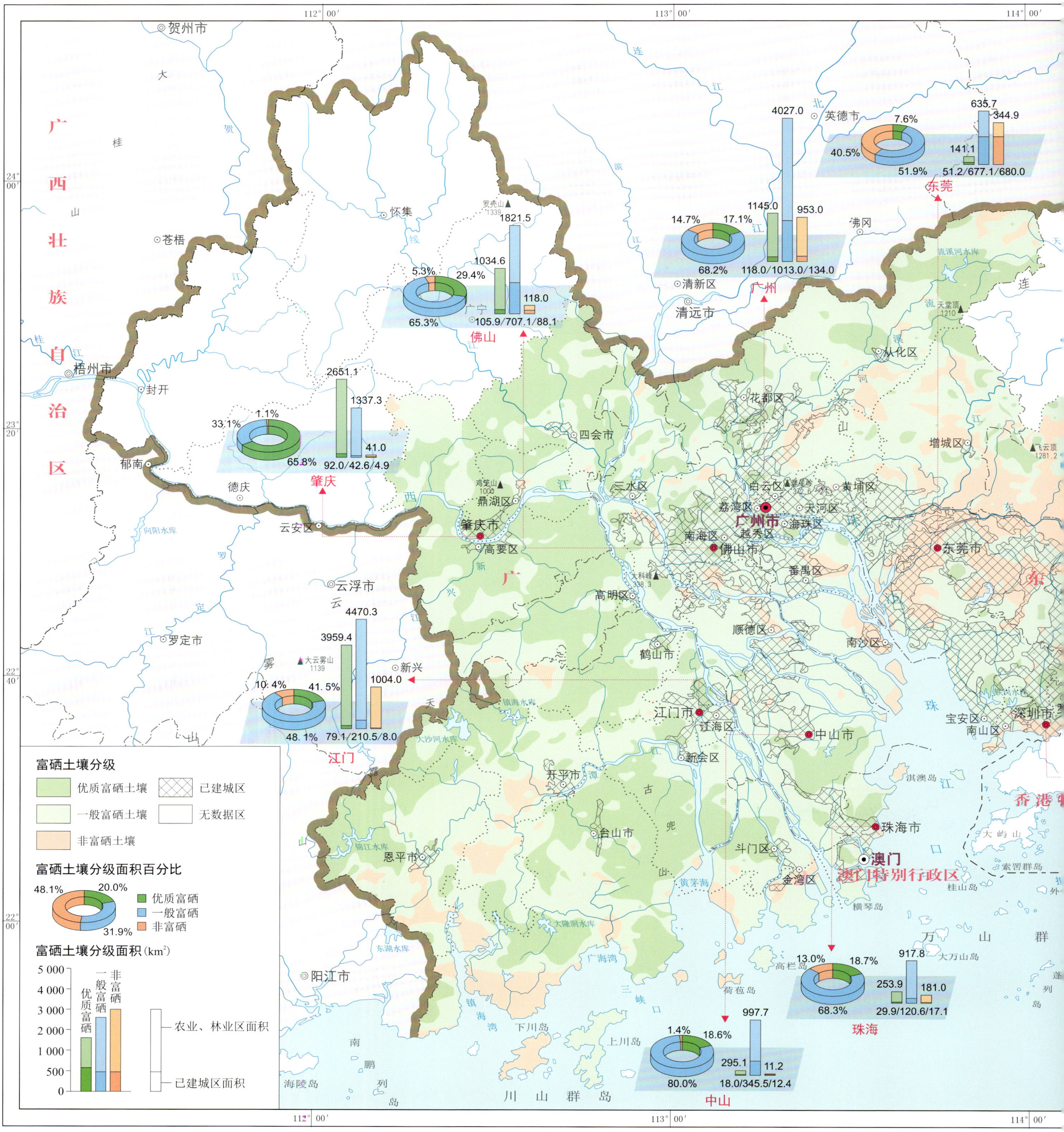

资料截止日期：2014年4月

资料来源：本图资料来源于“广东省珠江三角洲1∶25万多目标地球化学调查”“广东省珠江三角洲经济区农业地质与生态地球化学调查”项目，获得的硒地球化学数据通过空间分析成图，图上叠加了最新Landsat 8卫星遥感数据解译获得的已建城区，香港资料暂缺。

2. 地质资源类

硒是人体不可或缺的微量元素，土壤中硒含量的高低决定了动植物和人体中硒的含量，对人类健康具有重要影响。

2.5.1 土壤硒含量分布特征

本图表示了珠三角经济区（惠州市龙门县与肇庆市广宁县、怀集县、封开县、德庆县除外）富硒土壤资源类型及分布，并标示了区内9个地级市优质富硒土壤（硒含量≥0.6mg/kg）、一般富硒土壤（硒含量为0.4～0.6mg/kg）与非富硒土壤（硒含量＜0.4mg/kg）占当地的比例及不同类型土壤在当地已建城区与农业区、林业区的分布特征。

特征一：珠江三角洲经济区富硒土壤资源丰富，富硒土壤面积为35 829.8 km²，占全区总面积的86.1%，其中优质富硒土壤分布面积为12 811.4km²，占全区总面积的30.8%；一般富硒土壤分布面积为23 018.4km²，占全区总面积的55.3%（图1）。

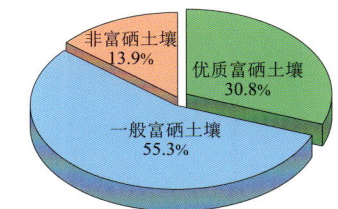

图1 珠三角经济区富硒土壤资源面积比例图

特征二：珠三角经济区各地级市均有优质富硒土壤资源分布，集中分布于西部、东部地级市的丘陵。珠三角经济区的9个地级市中，优质富硒土壤资源分布面积由大到小的顺序是江门、肇庆、惠州、广州、佛山、深圳、中山、珠海、东莞（图2）。江门优质富硒土壤资源分布面积最大，达4 038.5km²，东莞优质富硒土壤资源分布面积最小，仅192.3km²。优质富硒土壤资源集中分布在西部的江门、肇庆、佛山等市的丘陵区和东部惠州市境内的丘陵区。

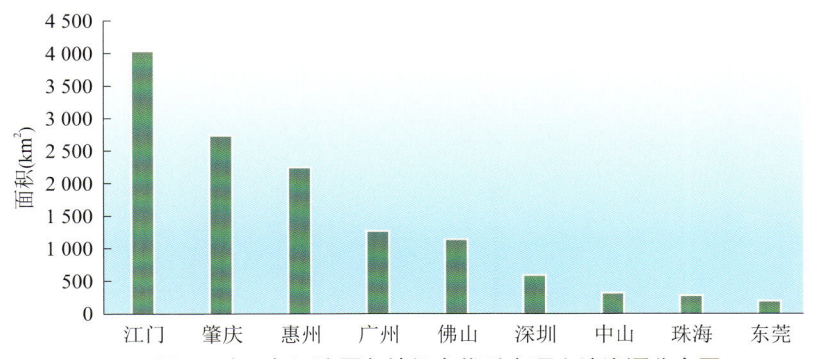

图2 珠三角经济区各地级市优质富硒土壤资源分布图

肇庆市内优质富硒土壤资源分布面积占本市总面积的比例最大，为65.8%，其次是江门、佛山、惠州，相应比例分别为41.5%、29.4%和26.1%。各地级市优质富硒土壤所占比例如图3所示。

除东莞、深圳外，其余各地级市优质富硒土壤资源极少分布在已建城区。

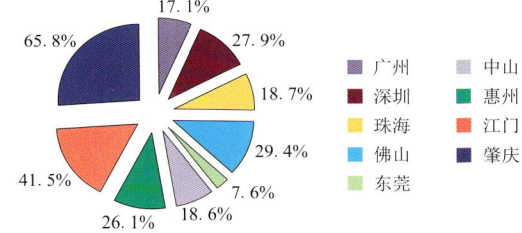

图3 珠三角经济区各地级市优质富硒土壤比例图

2.5.2 建议

建议在珠三角经济区开展农业种植区富硒土壤资源专项调查，为富硒农产品产地规划、建设提供依据。

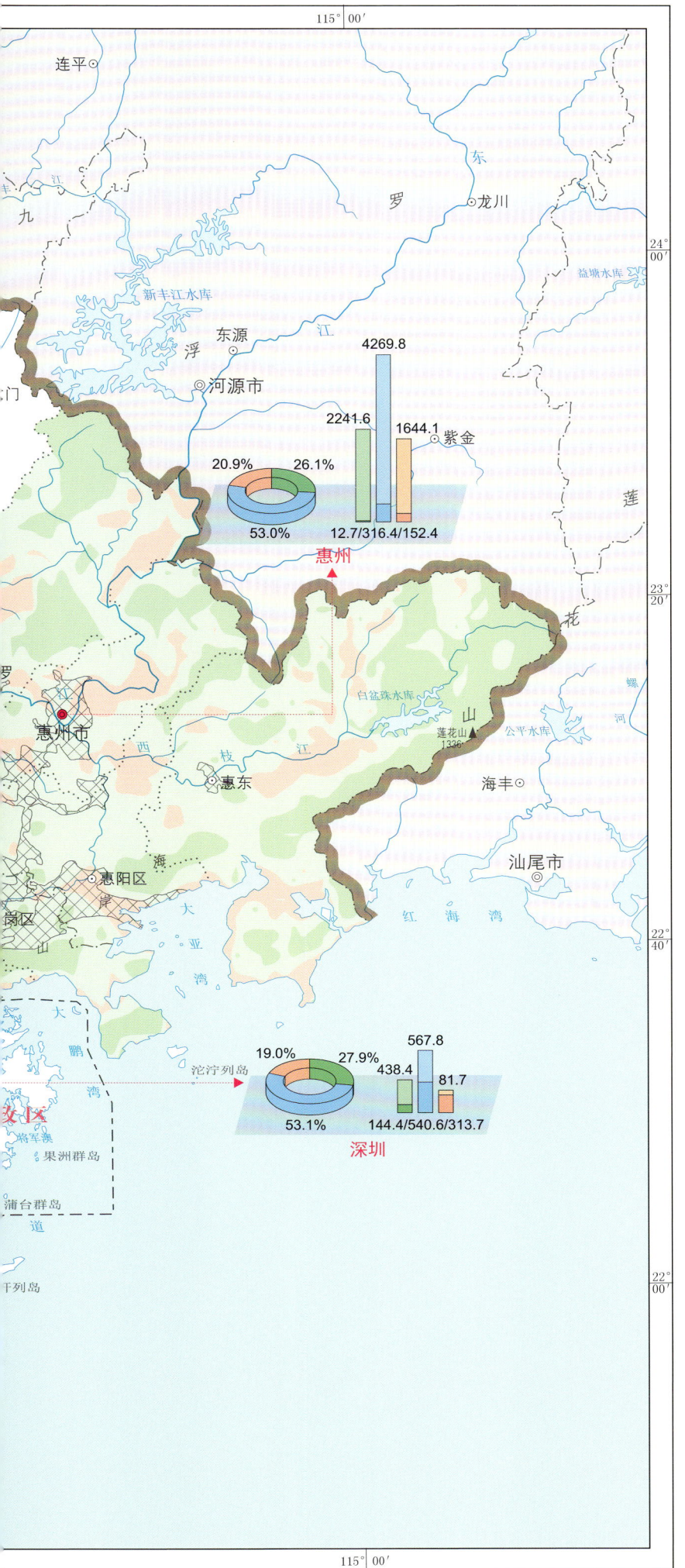

2.7 珠三角经济区特色农产品产地分布图

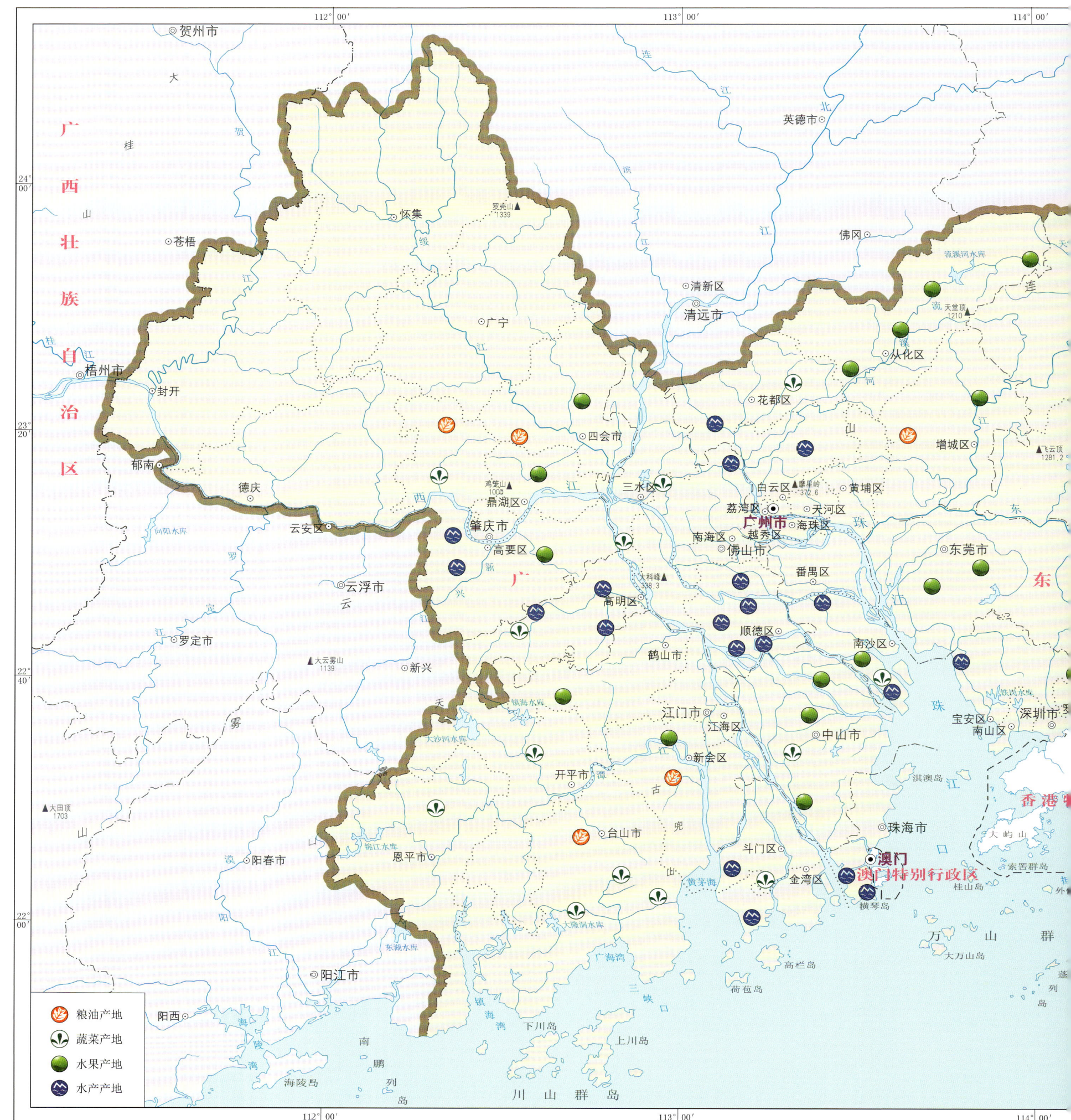

资料截至日期：2014年4月
资料来源：本图编制主要采用广东农业厅有关珠三角经济区特色农产品产地区域资料，香港、澳门资料暂缺。

2. 地质资源类

本图主要标示了珠三角经济区（惠州市龙门县与肇庆市广宁县、怀集县、封开县、德庆县除外）粮油、蔬菜、水果、水产四大类特色农产品规模化产地位置，说明了特色农产品规模化产地的基本情况和主要特征。

特征一：特色农产品规模化产地众多。

珠三角经济区9个地级市均有特色农产品规模化产地分布，其中佛山市特色农产品规模化产地最多，其次是广州、江门、肇庆（图1）。四大类特色农产品中水果规模化产地最多，其余依次是水产、蔬菜、粮油规模化产地（图2）。

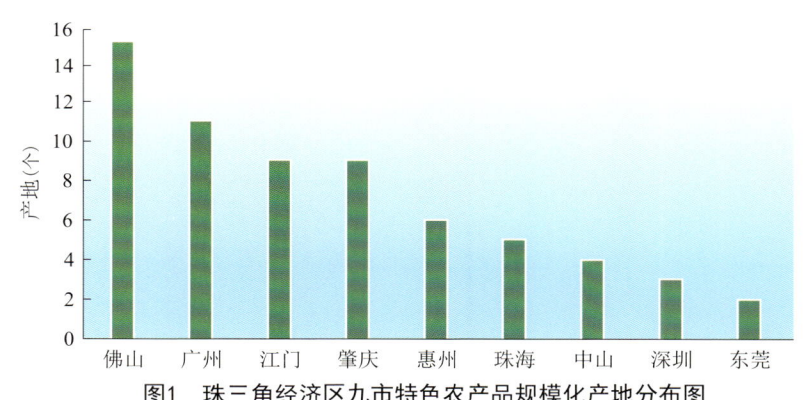

图1 珠三角经济区九市特色农产品规模化产地分布图

图2 珠三角经济区四大类特色农产品规模化产地的比例图

特征二：特色农产品产地分布具有一定的地域性。

广州、肇庆以水果和水产产地为主，深圳市无规模化蔬菜产地，珠海市以水产产地为主，佛山市水产、蔬菜产地集中，东莞市仅有水果产地分布，中山市仅有水果、蔬菜产地分布，江门市以蔬菜、粮油产地为主，惠州市、江门市无规模水产产地。珠三角经济区九市四类特色农产品规模化产地情况见表1。

表1 珠三角经济区九市四类特色农产品规模化产地情况表 （单位：个）

地级市	特色农产品规模化产地数量			
	粮油产地	蔬菜产地	水果产地	水产产地
广州	1	2	5	3
深圳	1			1
珠海		1		4
佛山		4		11
东莞			2	
中山		1	3	
惠州	1	2	3	
肇庆	2	1	3	3
江门	3	4	2	

特征三：特色农产品的代表是水产、水果。

珠三角经济区特色水产品有淡水水产品、咸淡水水产品和海产品，种类多，包括罗非鱼、甲鱼、鲤鱼、草鲩、鳜鱼、叉尾鮰、鲟鱼、加州鲈鱼、乌鳢、鳄鱼、鳗鱼、海鲈鱼、鲍鱼、蚝、青蟹、罗氏沼虾、南美白对虾。

珠三角经济区特色水果种类达10余种，包括香蕉、荔枝、龙眼、菠萝、砂糖橘、大红柑、果蔗、红柿、三华李、青梅、西瓜。这些水产、水果产业已成为珠三角经济区的农业支柱产业。

2.8 珠三角经济区地热资源分布图

1 : 1 200 000　0　12　24　36　48 km

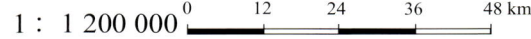

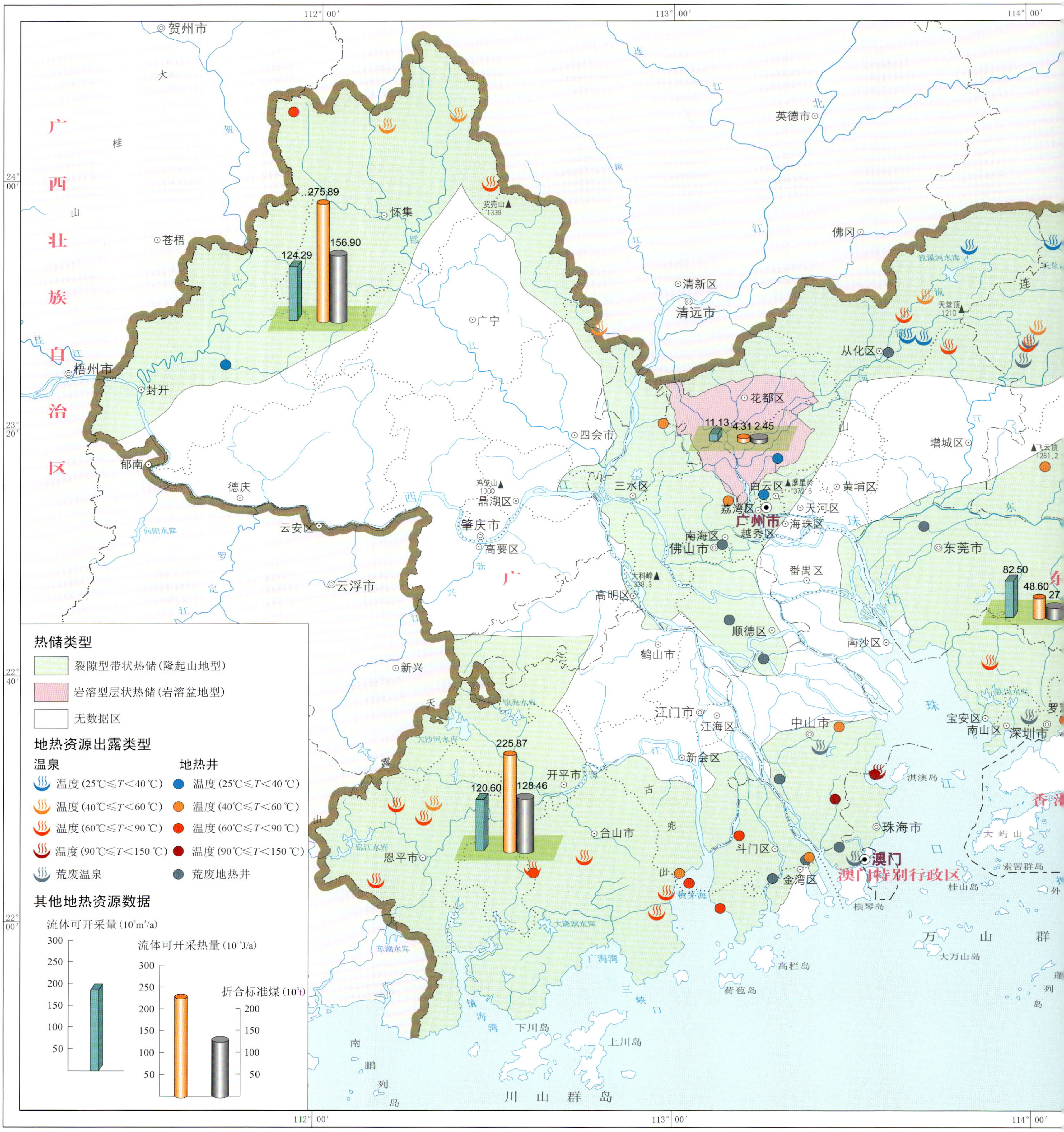

资料截止日期：2014年4月

资料来源：引用的地热资源资料主要来源于“广东省地热资源现状调查评价与区划”及“珠三角经济区1：25万生态环境地质调查”等项目成果，香港、澳门资料暂缺。

2. 地质资源类

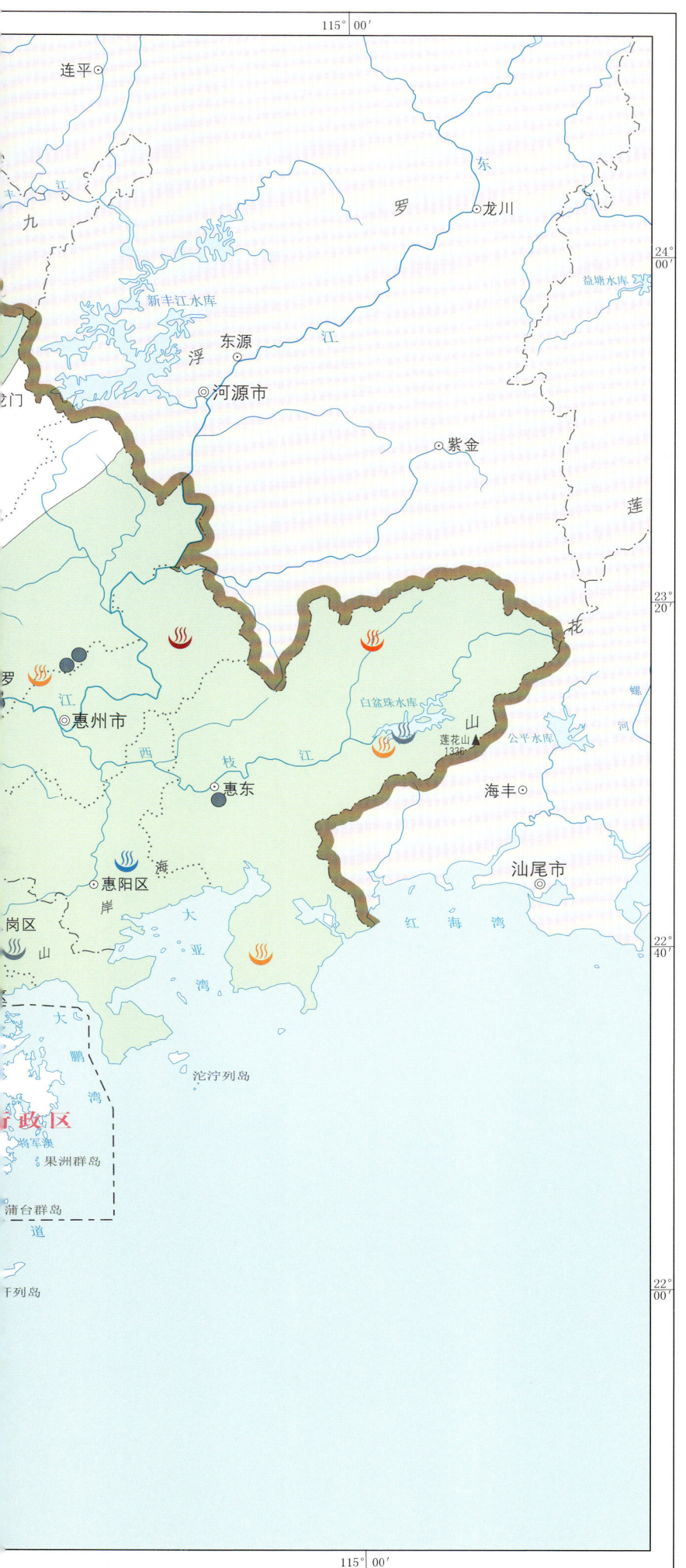

珠三角经济区地热资源的研究程度和开发利用程度较高,为本图件编制积累了较丰富的科学素材和依据。

2.8.1 地热资源类型

地热资源类型按其热储特征划分为裂隙型带状热储和岩溶型层状热储;按其分布地貌结构特征及热传递方式划分为隆起山地型和岩溶盆地型;按其地热流体温度(T)分类标准划分为中温地热资源($90℃≤T<150℃$)及低温地热资源($25℃≤T<90℃$),低温地热资源又可分为热水($60℃≤T<90℃$)、温热水($40℃≤T<60℃$)、温水($25℃≤T<40℃$)。

2.8.2 地热资源分布

珠三角经济区裂隙型带状热储地热资源主要沿隆起山地呈带状分布,与隆起山地型地热资源分布范围一致,大体上由东部的东莞市—深圳市—惠州市、南部的中山市—珠海市—江门市东南部及北部的佛山市—广州市—肇庆市北部隆起山地三部分组成。岩溶型层状热储地热资源仅见于广花隐伏岩溶盆地。

该经济区通常把相对独立出露的温泉或地热井确定为一地热田,目前已发现地热流体温度(T)介于28.5~118.2℃的地热田75处(裂隙型带状热储74处,岩溶型层状热储1处),见表1。其中,中温地热资源的地热田3处,位于惠州市矮陂镇黄沙洞(118.2℃)、中山市虎池围(99℃)和中山市三乡泉眼(95℃)。低温地热资源的地热田72处。地热田分布密度最大的是珠海市,其次是中山市,最少是东莞市。

表1 珠三角经济区地热资源一览表

热储类型及分布	裂隙型带状热储				岩溶型层状热储	合计
	东部	南部	北部	小计		
地热田(处)	32	25	17	74	1	75
资源量 (Q, 10^{17}J)	58.97	55.90	25.68	140.55	1.26	141.81
资源可开采量 ($Q_克$, 10^{16}J)	34.07	27.99	15.71	77.77	1.89	79.66
流体可开采量 (q_w, 10^5m³/a)	82.50	120.60	124.29	327.39	11.13	338.52
流体可开采热量 (Q_p, 10^{13}J/a)	48.60	225.87	275.89	550.36	4.31	554.67
折合标准煤 (M, 10^3t)	27.63	128.46	156.90	312.99	2.45	315.44

2.8.3 地热资源概述

据资料,该经济区地热资源量为$141.81×10^{17}$J,地热资源可开采量为$79.66×10^{16}$J;地热流体可开采量为$338.52×10^5$m³/a,地热流体可开采热量为$554.67×10^{13}$J/a,折合标准煤$315.44×10^3$t/a。

2.8.4 地热资源开发利用现状和潜力

地热资源是一种环保型和可再生的能源。珠三角经济区地热资源开发利用具有悠久的历史,广州从化温泉、惠州汤温泉在唐宋时期就已闻名于世;改革开放以来,以温泉开发为龙头并带动旅游、度假、休闲、娱乐、疗养、房地产业及养殖业等蓬勃发展的"温泉经济"已成为区内经济增长的一大亮点。江门恩平市在2003年4月28日被我国评为首个"中国温泉之乡",中山三乡温泉、惠州龙门县及珠海市的温泉资源响誉国内外。目前地热流体可开采热量产生的经济效益为146.35亿元/年,创造了巨大的财富。

该经济区目前已发现的地热流体盈余热量为$2.49×10^{15}$J/a,折合标准煤$141.67×10^3$t/a,而未发现的地热流体、浅层地温能、深部干热岩等地热资源有待进一步查明,可见地热资源开采潜力巨大,具有广阔的开发利用前景。为此,建议政府有关职能部门加强对地热资源的合理规划,加大对地热资源研究经费的投入和扩大勘探力度,开展深部干热岩研究,对地热资源实行梯级利用,加强对地热资源的开发和保护。

2.9 珠三角经济区自然旅游资源分布图

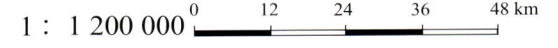

1∶1 200 000 0 12 24 36 48 km

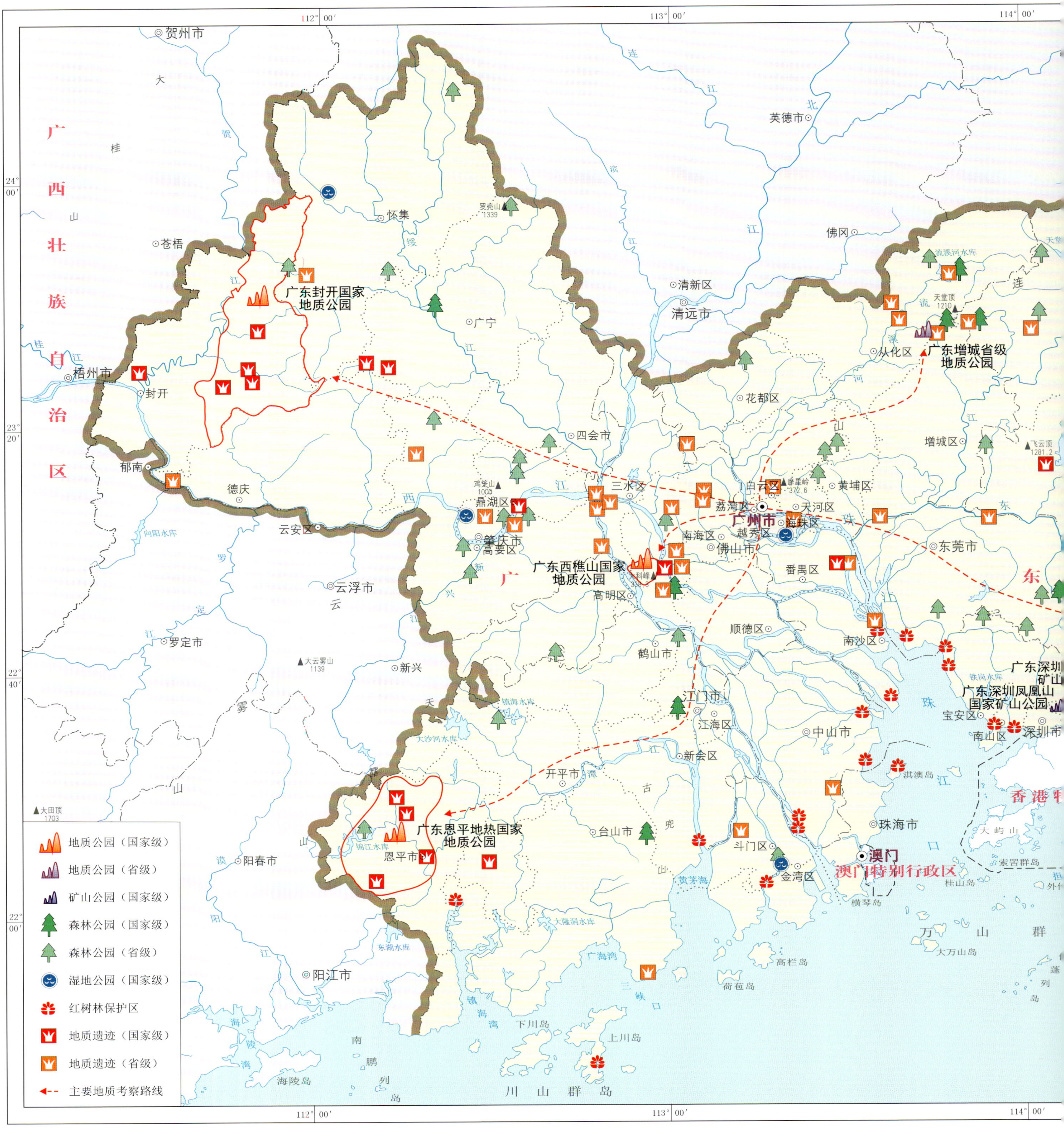

资料截止日期：2014年4月

资料来源：主要为广东省林业厅、广东省地质调查院、广东省佛山地质局单位资料，香港、澳门资料暂缺。

2. 地质资源类

旅游资源是旅游业发展的前提和基础，主要包括自然资源和人文资源，本图件反映了珠三角经济区省级以上的地质遗迹、地质公园、森林公园、湿地及红树林等具有旅游价值的自然资源。

2.9.1 地质遗迹和地质公园

省级以上的地质遗迹有65处，其中国家级26处，省级39处，涉及14种不同类型（图1）。地质遗迹分布较为集中，主要分布在广佛肇经济圈（42处）、深圳市（9处）和江门市（6处）。根据以保护地质遗迹景观为前提、遵循开发与保护相结合的原则，珠三角经济区设立了4个国家地质公园、2个国家矿山公园和1个省级地质公园，分布在5个不同的城市。

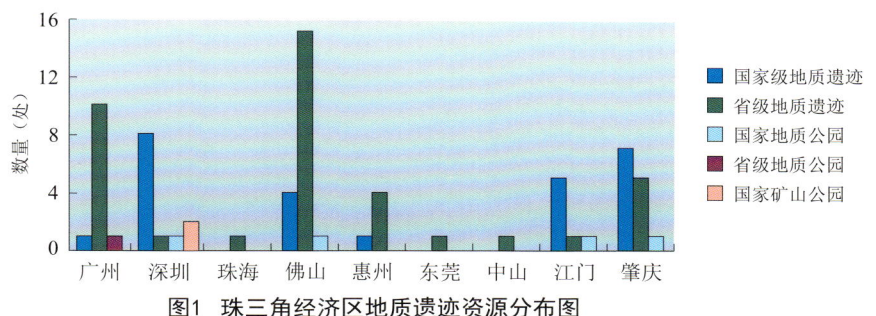

图1 珠三角经济区地质遗迹资源分布图

2.9.2 森林资源与森林公园

珠三角经济区森林生态状况总体良好，生态公益林面积为9 014 km²，占林地面积的32%，森林覆盖率为50.35%。截至2015年，珠三角经济区9个城市林地保有量合计27 592 km²，其中肇庆市林地保有量最多，达10 439 km²，占经济区总林地保有量的37.83%；惠州市次之，有7 045 km²，占经济区总林地保有量的25.53%；中山市林地保有量最少，只有313 km²，仅占经济区总林地保有量的1.13%（图2）。

目前，已建立的森林公园属省级以上的有49个，分布在8个不同城市，其中国家级森林公园10个，省级森林公园39个（表1）。

表1 珠三角经济区省级以上森林公园统计表
（单位：个）

城市	国家级	省级	合计
广州	2	6	8
深圳	1	1	2
珠海		1	1
佛山	1	1	2
惠州	2	10	12
东莞	1	5	6
江门	2	4	6
肇庆	1	11	12
合计	10	39	49

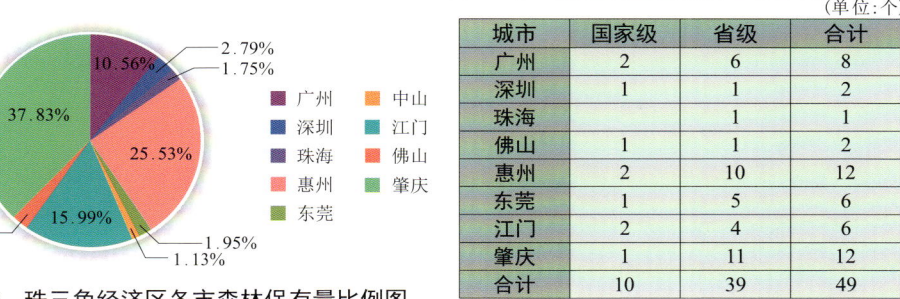

图2 珠三角经济区各市森林保有量比例图

2.9.3 湿地

大多数已建立的湿地公园以省级以下为主，省级以上的有5个，总面积38.47 km²，分布在4个不同的城市（表2）。

表2 珠三角经济区省级以上湿地公园表

城市	级别	名称	面积（km²）
惠州	国际级	广东惠东海龟国家级自然保护区	14.00
肇庆	国家级	广东星湖国家湿地公园	9.98
		广东怀集燕都国家湿地公园	5.20
广州		广东海珠湖国家湿地公园	8.69
珠海	省级	珠海斗门黄杨河华发水郡省级湿地公园	0.60

2.9.4 红树林

红树林主要分布在广州、深圳、珠海、惠州、东莞、中山、江门等市的海岸滩涂和入海口水道，有20处主要红树林片区，大部分仅建立市县级以下的自然保护区，仅深圳福田红树林建立了国家级自然保护区。

3 环境地质类

3.1 珠三角经济区区域地壳稳定性图

1：1 200 000　0　12　24　36　48 km

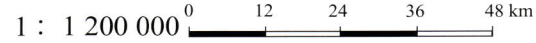

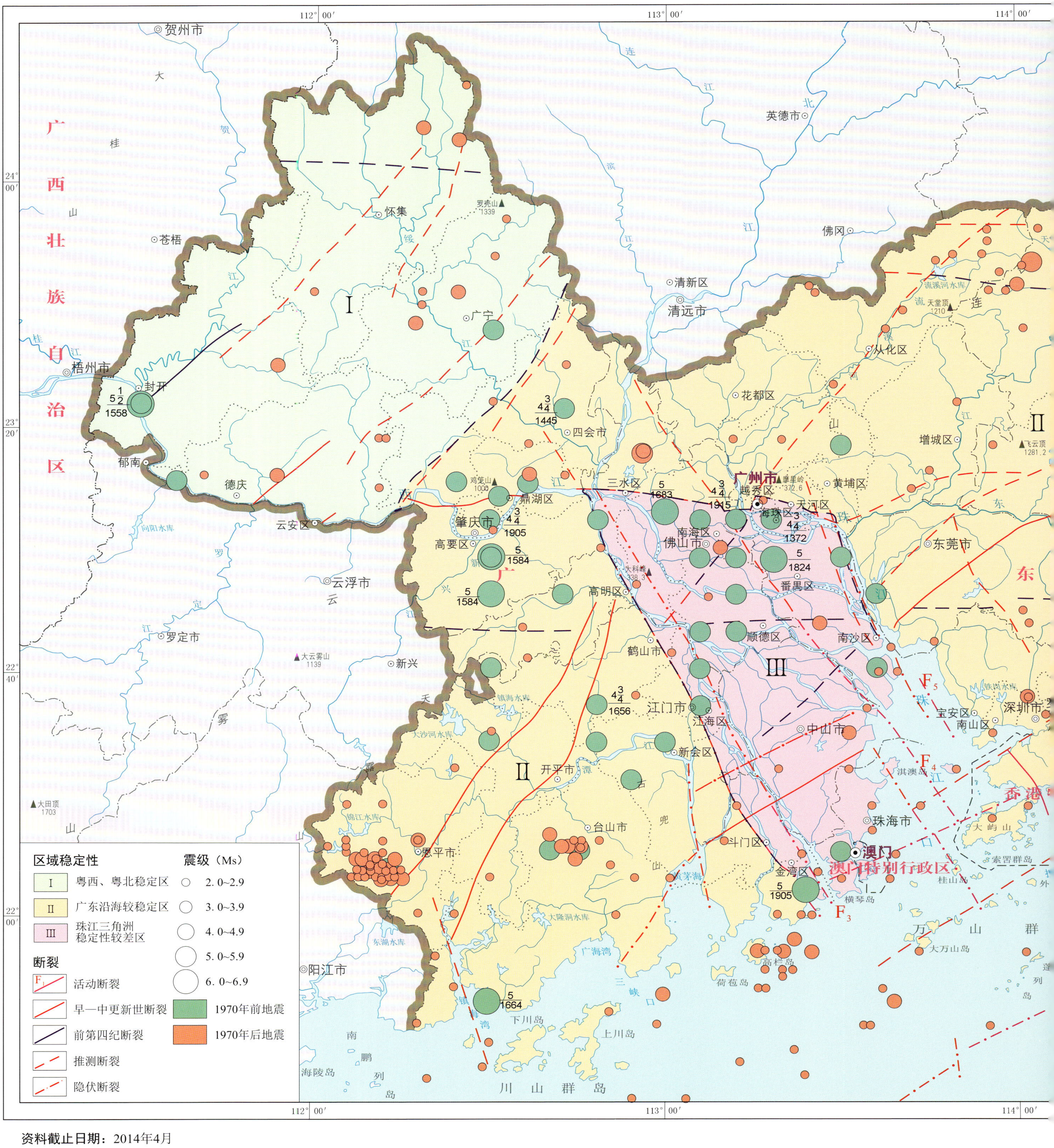

资料截止日期：2014年4月

资料来源：主要为广东省地震局、广东省佛山地质局、广东省地质科学研究所及近年来地震部门地震安全性评价资料。

3. 环境地质类

区域地壳稳定性是指研究区域地壳及其表层在地球内外动力作用下现今的稳定程度。通过区域稳定性评价，选择出稳定条件良好的工程建设区域和地段，可为正确的规划、设计提供依据。

影响区域稳定性评价的主要因素包括构造稳定性、岩体土体稳定性及地面稳定性3个方面。其中构造稳定性是内动力地质作用强弱的表现形式之一，它主要表现为断裂构造现今活动性及其与地震活动频度和强度的关系，是确定区域稳定性的主导因素。

本图件主要反映珠三角经济区的活动断裂分布特征、地震活动特征及不同的区域地壳稳定性分区特征。

3.1.1 活动断裂分布特征

活动断裂主要指晚更新世（10万年）以来活动、未来仍可能活动的断裂。

珠三角经济区的活动断裂主要分布于沿海地区及滨海海域。主要有北东方向的滨海断裂带（F_1）、潮州－汕尾断裂带（F_2），以及北西方向的西江断裂东南段（F_3）、白坭－沙湾断裂带（F_4）和狮子洋断裂（F_5）。

滨海断裂带（F_1）分布于珠江口外滨海海域。该断裂带是东南沿海地震活动最强烈的断裂带，1918年南澎7.5级地震、琼州7.5级地震落在该断裂带或附近，2～5级地震沿断裂带断续呈带状分布。西江断裂（F_3）沿西江河谷延伸。沿西江断裂，地震呈带状分布，最大震级5.0级，分布在断裂南段的磨刀门。白坭－沙湾断裂带（F_4）分布于顺德、番禺一带，断裂带与地震活动关系密切，沿该断裂发生过4.0～4.9级地震7次，最大的为1683年的5.0级地震。狮子洋断裂（F_5）分布于狮子洋—珠江口。该断裂的地震活动水平较低，历史上无破坏性地震记载，仅有3次4级左右地震沿断裂分布。近年来在蛇口地区、大屿山以南海域均发生多次呈北西向分布的地震，表明珠江口断裂仍有一定的活动性。

3.1.2 地震活动特征

该区地处华南地震区东南沿海地震带的中南部，区内地震活动频繁，历史上曾多次发生破坏性地震。地震活动水平由沿海到内陆由强逐渐减弱。地震震中多沿北东向断裂带、东西向断裂带及北西向断裂带分布，尤其是两组断裂带的交会地段。总体上，区内的地震活动比较频繁，但震级不高（陆域及附近震级最高的是1874年香港担杆岛5.75级地震，滨海海域震级最高是1911年的6级地震，位于大亚湾东南海域），强度不大，强震震中主要集中在珠江三角洲断块区。

3.1.3 区域地壳稳定性特征

根据地壳稳定性程度，将该区划分为粤西、粤北稳定区（Ⅰ），广东沿海较稳定区（Ⅱ）及珠江三角洲稳定性较差区（Ⅲ）。

1. 粤西、粤北稳定区（Ⅰ）

该区在地形地貌上以丘陵为主，部分地区为低山或台地。地壳结构为块状结构，岩土体坚硬－次坚硬。该区的地震动峰值加速度不大于0.05g，地震烈度≤Ⅵ度。自有历史记录以来，历史地震最大震级为1558年封开的震级（Ms）为5.5地震，该地震后未发生过5级以上破坏性地震，说明断裂活动性低，地壳稳定性好。

2. 广东沿海较稳定区（Ⅱ）

该区的地壳结构为镶嵌结构，岩土体次坚硬—软弱，地貌以丘陵为主。在该区，有多组北东向、东西向断裂通过，同时还有生成较晚的北西向断裂穿插，但其活动性并不高。该区的地震动峰值加速度基本上为0.05g，仅沿海一带为0.10～0.15g，地震烈度基本为Ⅵ度，区内地震多为Ms≤5的中小地震，最大震级为1911年的6级地震，位于大亚湾东南海域。1970年以来未发生过Ms≥5的地震，地壳相对稳定。

3. 珠江三角洲稳定性较差区（Ⅲ）

该区块是珠江三角洲经济区相对比较活动的地块，被多组区域性断裂切过，地壳呈块裂结构。北东向断裂有恩平－新丰断裂带、河源断裂带、莲花山断裂带（珠江口一带），北西向断裂则有狮子洋断裂、白坭－沙湾断裂带和西江断裂。北部边界则受高要－惠来断裂带控制。这些断裂带规模宏大，且有相当的活动性。该区的地震动峰值加速度多为0.10g，局部地区为0.05g，地震烈度为Ⅶ度。自有历史记录以来，该区共发生Ms≥4地震17次，最大震级Ms=5。1970年后共发生Ms=2～2.9的地震21次，Ms=3～3.9的地震3次。该区地壳稳定性较差，广东省地震局预测潜在地震震级上限为6级。

3.2 珠三角经济区地下水质量状况图

1 : 1 200 000　0　12　24　36　48 km

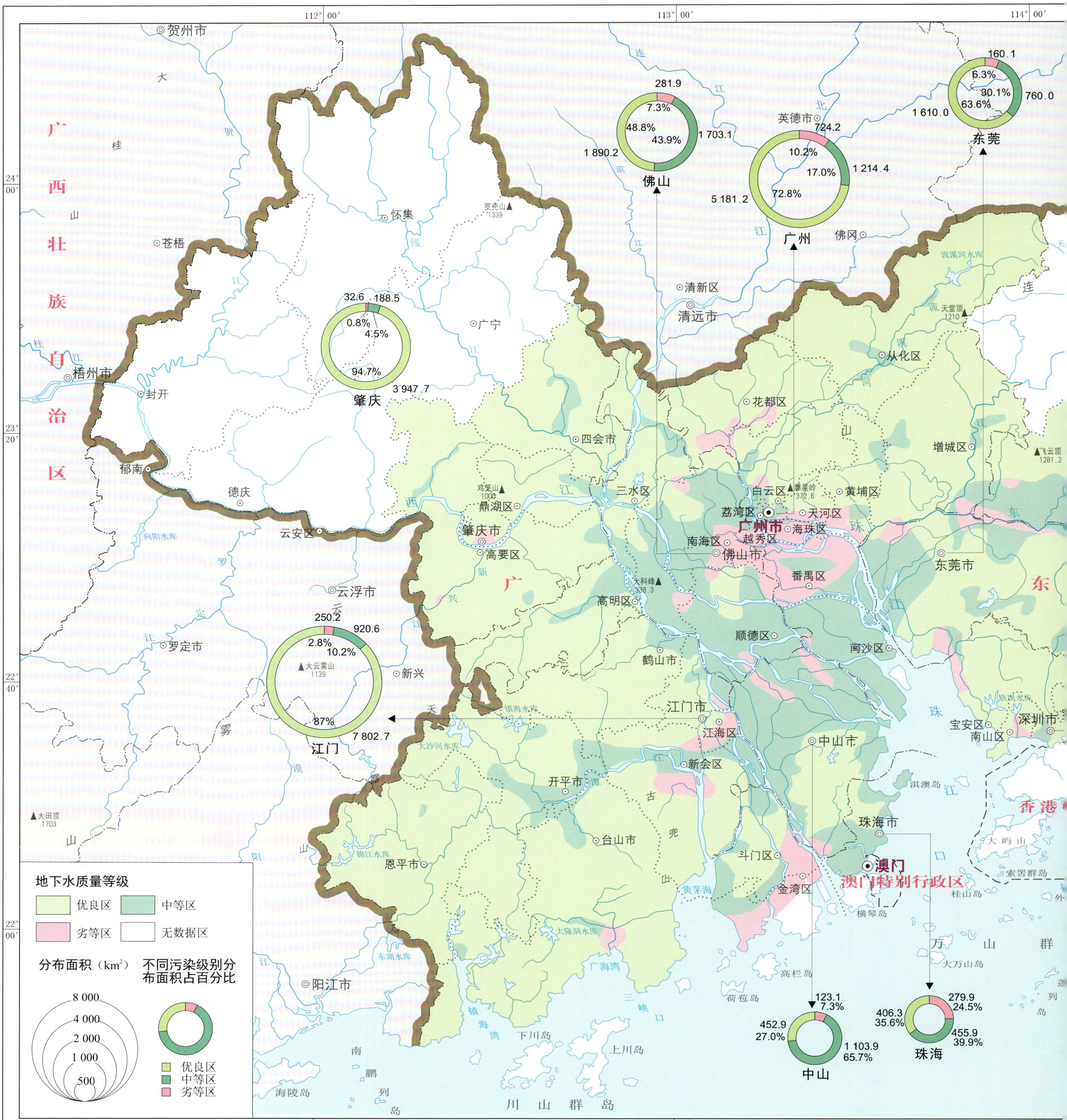

资料截止日期：2014年4月

资料来源：图件编制资料和水质分析数据主要来源于2005—2010年完成的国土资源大调查“珠江三角洲地区地下水污染调查评价”项目，香港、澳门资料暂缺；地下水质量评价方法采用阶梯层次评价法，评价指标主要为无机常规化学指标。

通过收集珠三角经济区地下水质量及污染状况等资料,结合人类活动状况,编制出珠江三角洲经济区(惠州市龙门县与肇庆市广宁县、怀集县、德庆县、封开县以及海岛区除外)9个地级市地下水质量优良、中等和劣等分区图。

3.2.1 地下水质量总体特征

珠三角经济区地下水质量总体良好,劣等区分布面积较少。

地下水质量优良区分布面积占比达77.1%(图1),主要分布于珠三角经济区边缘地区,或残丘、台地区,多处于地下水补给区,为丘陵地形,其城镇化程度相对较低或工业化水平低。

地下水质量中等区分布面积占比17.4%,主要集中分布在珠江三角洲中心平原地区,包括西江、北江和东江下游平原地段,受铁、锰等背景指标影响明显,多处于地下水径流、排泄区,其城镇化程度相对较高或工业相对发达。其主要影响物依次为锰、铁、亚硝酸盐、耗氧量、铝、挥发酚、铵离子等无机常规化学指标。

地下水质量劣等区分布面积占比5.5%,广州市、佛山市、东莞市等地区分布最为集中,其他珠江三角洲边缘地段零星分布。主要影响物依次为铵离子、铁、耗氧量、亚硝酸盐、铝、锰等无机常规化学指标。

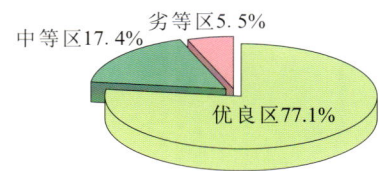

图1 珠三角经济区不同质量等级的地下水分布面积统计饼图

3.2.2 各地级市地下水质量特征

珠三角经济区各地级市不同质量级别的地下水空间分布不均,中心城市地下水质量较差。

地下水质量优良区分布面积最大的为惠州市,其次为江门市;面积占比最大的为肇庆市,其次为深圳市。地下水质量中等区分布面积最大的为佛山市,其次为广州市;面积占比最大的为中山市,其次为佛山市。地下水质量劣等区分布面积最大的为广州市,佛山市和珠海市并列次之(表1)。

表1 珠三角经济区各地级市地下水质量等级分区统计表

地级市	优良区		中等区		劣等区		备注
	面积(km²)	百分比(%)	面积(km²)	百分比(%)	面积(km²)	百分比(%)	
广州	5 181.2	72.8	1 214.4	17.0	724.2	10.2	除去无数据区面积
深圳	1 783.8	93.5	32.3	1.7	92.0	4.8	
珠海	406.3	35.6	455.9	39.9	279.9	24.5	
佛山	1 890.2	48.8	1 703.1	43.9	281.9	7.3	
东莞	1 610.0	63.6	760.0	30.1	160.1	6.3	
中山	452.9	27.0	1 103.9	65.7	123.1	7.3	
惠州	7 738.3	89.6	644.0	7.4	254.8	3.0	
江门	7 802.7	87.0	920.6	10.2	250.2	2.8	除去无数据区面积
肇庆	3 947.7	94.7	188.5	4.5	32.6	0.8	

3.2.3 建议

珠三角经济区地下水开发潜力较大,建议在地下水质量优良区开展城市应急地下水水源地勘查,预防城市突发性饮用水水质污染事件。

珠三角经济区中心平原区人类活动频繁,地下水补给、径流和排泄条件变化强烈,地下水质量堪忧,建议完善该地区地下水水质监测网体系,并部署地下水水质长期监测项目,以便掌握地下水水质的动态变化过程。

3.3 珠三角经济区地下水环境状况图

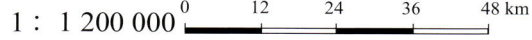

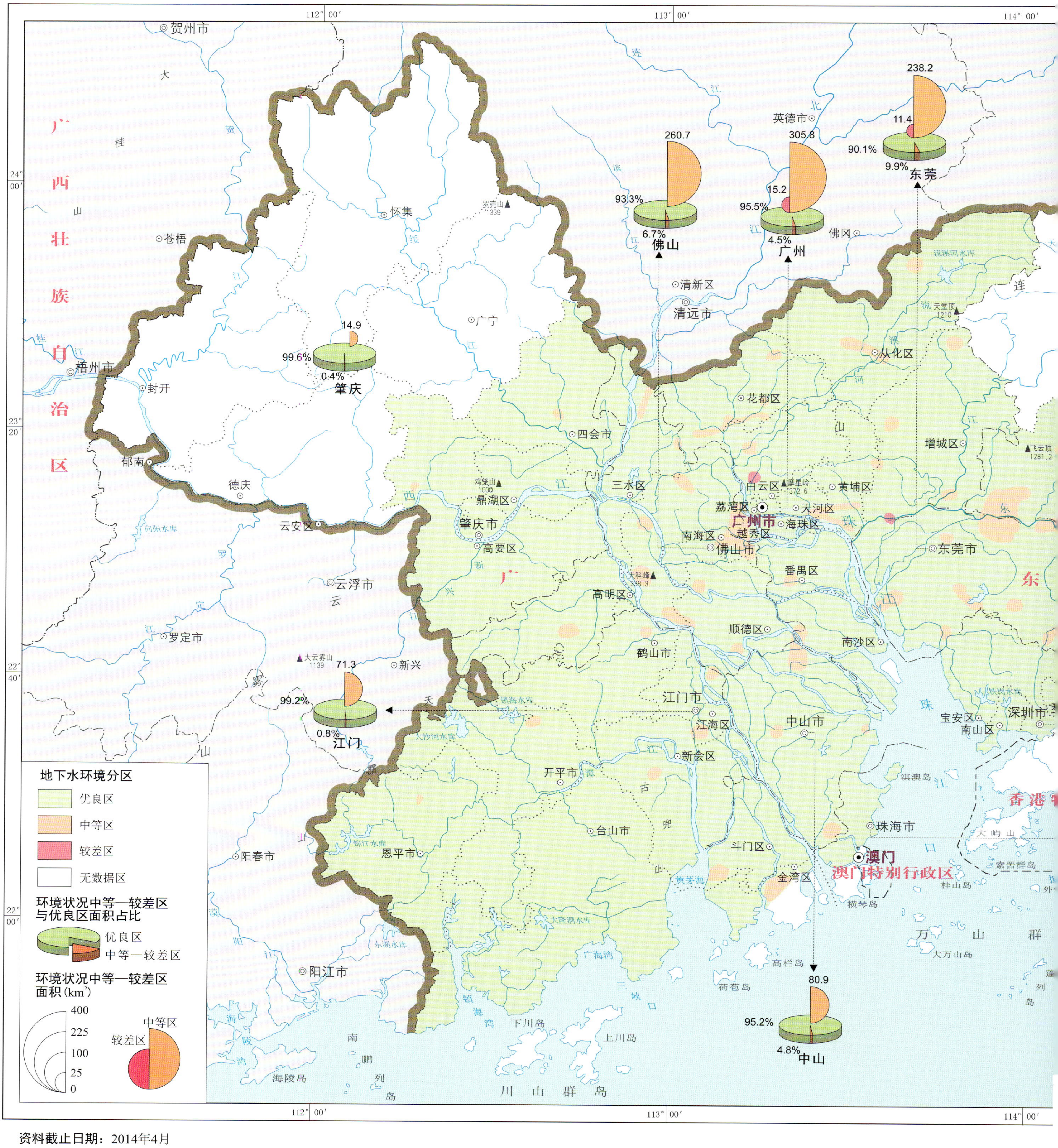

通过收集珠三角经济区地下水环境状况等资料，结合人类活动状况，编制出珠三角经济区（惠州市龙门县与肇庆市广宁、怀集县、德庆县、封开县以及海岛区除外）9个地级市地下水环境状况图。环境状况指标主要包括无机毒理指标、微量有机物指标。

3.3.1 地下水环境状况总体特征

珠三角经济区地下水环境状况中等—较差区面积占比低，但绝对面积不可忽视。

地下水环境状况优良区广泛分布于珠三角经济区西部和东北部边缘区，面积占比96.6%（图1）。

地下水环境状况中等区面积达1 278.9km²，占比3.2%，较集中分布于珠三角经济区中心平原地区，即广州市、佛山市、东莞市和惠州市等中心城区。在居民聚居区和工业园区及附近，地下水环境状况较差，分布面积为92.8km²，其中局部地下水环境状况堪忧。

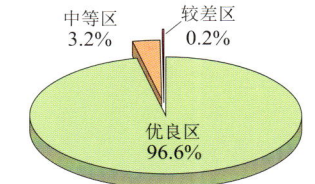

图1 不同污染程度地下水分布面积统计图

3.3.2 各地级市地下水环境状况特征

珠三角经济区各地级市地下水环境状况有别，其中发达地级市地下水环境状况中等—较差区调分布面积较大。

珠三角经济区地下水环境状况优良区分布面积最大的为江门市，其次为惠州市；面积占比最大的为肇庆市，其次为深圳市。地下水环境状况中等区分布面积最大的为广州市，其次为佛山市；面积占比最大的为东莞市，次为佛山市。地下水较差区分布面积最大的为惠州市，广州市次之；占比最大的为深圳市，次为惠州市（表1）。

表1 珠三角经济区各地级市地下水环境状况分区统计表

地级市	优良区		中等区		较差区		备注
	面积(km²)	比例(%)	面积(km²)	比例(%)	面积(km²)	比例(%)	
广州	6 798.9	95.5	305.8	4.3	15.2	0.2	除去无数据区面积
深圳	1 894.9	99.3	0.5	0.02	12.7	0.67	
珠海	1 087.2	95.2	54.9	4.8	0	0	
佛山	3 614.5	93.3	260.7	6.7	0	0	
东莞	2 280.5	90.1	238.2	9.4	11.4	0.5	
中山	1 599.0	95.2	80.9	4.8	0	0	
惠州	8 338.1	96.5	245.4	2.9	53.6	0.6	
江门	8 902.3	99.2	71.3	0.8	0	0	除去无数据区面积
肇庆	4 153.9	99.6	14.9	0.4	0	0	

珠三角经济区各地级市地下水环境状况主要影响指标差异明显。

珠江三角洲经济区地下水环境状况影响指标包括硝酸盐、重金属和微量有机物指标，各地级市差异明显（表2）。

表2 珠三角经济区各地级市地下水环境状况主要影响指标表

地级市	主要影响指标	
	中等区	较差区
广州	有机物、硝酸盐、砷、铅、铍、镉	砷、铅、有机物
深圳	硝酸盐	铅、钼
珠海	铅、有机物	/
佛山	砷、硝酸盐、铅、汞、有机物、镍、镉	/
东莞	钼、硝酸盐、铅、砷、氟化物	铅、钼、氟化物
中山	硝酸盐、砷、有机物	/
惠州	钼、硝酸盐、砷、铅、镍、铍	铅、硝酸盐、钼、砷
江门	铅、硝酸盐、砷	/
肇庆	铅、砷	/

注："/"表示获取的水样测试资料未检测出相关成分。

3.3.3 建议

地下水环境状况中等—较差区存在潜在污染风险。首先，加大宣传力度，提高公众环境保护意识，普及地下水污染及其影响方面的常识，使公众熟知地下水污染具有过程缓慢、难于治理的特点，应做好预防；其次，落实地下水保护和污染防治责任，加强地下水环境保护执法力度；再次，加强污染源监管，完善地下水水质和污染监测网络体系；最后，建立防治地下水污染的管理制度和法律监督体系。同时，加强地下水环境状况调查，为地下水环境治理提供决策支持。

3.4 珠三角经济区地下咸水分布图

资料截止日期：2014年4月

资料来源：通过收集珠三角经济区各市地下水动态监测数据、古海岸变迁资料，以及近期开展完成的"珠三角经济区1∶25万生态环境地质调查""珠三角经济区地下水污染调查评价"以及"珠三角经济区城市群地质环境综合调查"等项目资料与成果，编制珠三角经济区地下咸水分布图，香港资料暂缺。

地下咸水按矿化度的大小可划分为微咸水（1～3 g/L）、半咸水（3～10 g/L）、咸水（>10 g/L）3 种类型。

由于受地质历史上 3 次海侵海退的影响，珠三角经济区地层中残留大量盐分，后虽受降雨及地表水入渗的长期影响，局部浅层地下水逐渐淡化。但因地势平坦、地表多为黏土或淤泥质黏土覆盖、地下径流缓慢和局部存在海水倒灌现象，使得自然淡化往深度减弱。故珠三角经济区部分地段地下水仍为微咸—咸水，局部为上淡下咸水或咸淡相间水。珠三角经济区地下咸水主要分布在珠江三角洲河网区中、南部及滨海平原前缘地段（即石器时代海岸线至现今海岸线范围内）。含水层岩性为粉细砂、中粗砂、砾卵石，富水性贫乏—丰富。水化学以 Cl-Na 型为主，矿化度为 1.6～24.3 g/L。

图中展示的内容主要有微咸水、半咸水、咸水、上淡下咸水的分布区域，并绘制了石器时代、秦汉、唐初、宋初、明初、清初等各个时代的海岸线。

1. 微咸水

微咸水主要分布于石器时代海岸线与宋代初期海岸线之间的地区，分布于现今增城新塘—东莞沙田—深圳宝安、番禺石楼—中山小榄—新会司前、新会三江—珠海平沙、台山都斛—端芬、中山大涌—横门等地，零星分布于中山坦洲、台山海晏等地。含水层岩性以淤泥质粉细砂、砂砾石为主。矿化度为 1.6～3.06 g/L，水化学类型属 Cl-Na 型。

2. 半咸水

半咸水主要分布于宋初海岸线与明初海岸线之间的地区，即现今南沙灵山—中山东升—新会双水、斗门上横—南水、台山都斛—南湾等地，零星分布于南沙东涌东侧、东莞麻涌东侧、虎门西北侧、长安西南侧等地。含水层岩性为中细砂、砾石，水量贫乏—丰富，矿化度为 3.5～10.0 g/L，水化学类型属 Cl-Na 型。

3. 咸水

咸水主要分布于明初海岸线与现今海岸线之间的地区，即现今南沙横沥—新垦—中山港口、中山横栏—江门大鳌、中山坦洲—珠海红旗、台山深井—横山海侨镇等地，另外有台山广海镇东、斗门六乡镇西、番禺石楼镇南、东莞虎门镇西北侧以及大亚湾附近零星地带等地。含水层岩性以中粗砂、砾砂为主，矿化度为 10～28.89 g/L，水化学类型属 Cl-Na 型。

4. 上淡下咸水

上淡下咸水主要分布于石器时代海岸线与唐初海岸线之间的地区，即现今东莞高埗—中堂、顺德北滘—勒流—均安等地区，另外南海和顺—里水—广州石井、深圳西乡—新安、深圳福田—罗湖、惠东稔山等地亦有分布。这些区域接受降水渗入，补给条件好，径流通畅，上部为溶滤淡水，下部仍为封存或现代海水补给的咸水，形成上淡下咸水的双层结构。

3.5 珠三角经济区土壤环境质量状况图

1： 1 200 000 0 12 24 36 48 km

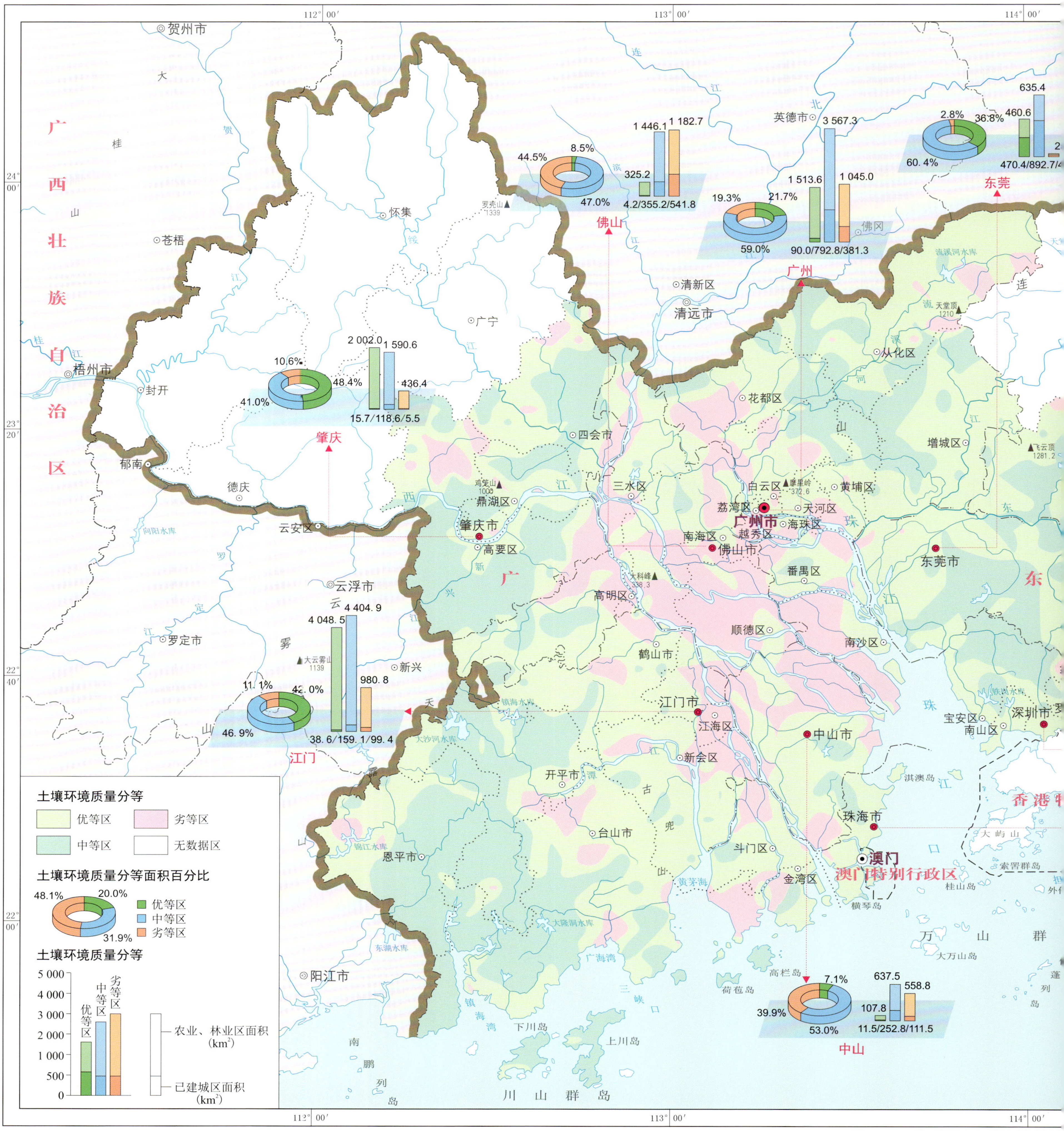

资料截止日期：2014年4月

资料来源：主要为“广东省珠江三角洲1：25万多目标地球化学调查”和“广东省珠江三角洲经济区农业地质与生态地球化学调查”项目有关的土壤元素地球化学数据，香港资料暂

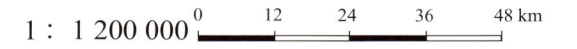

本图采取"就高"原则，通过对砷、镉、铬、铜、汞、镍、铅、锌、镉等单元素环境质量分区的空间分析综合成图，说明了珠三角经济区（惠州市龙门县与肇庆市广宁县、怀集县、封开县、德庆县除外）综合土壤环境质量状况，并标示了珠三角经济区内9个市的土壤环境质量优等区、中等区和劣等区占当地面积的比例及其在当地已建城区与农业区、林业区的分布特征。

3.5.1 土壤环境质量总体特征

珠三角经济区土壤环境质量总体良好，土壤环境质量优等区分布面积13 698.7km²，占全区的32.9%；土壤环境质量中等区分布面积21 224.4 km²，占全区的51.0%；土壤环境质量劣等区分布面积6 696.1 km²，仅占全区的16.1%（图1）。

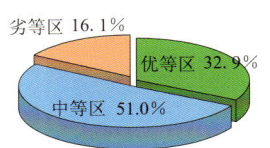

图1 珠三角经济区土壤环境质量分区图

9个地级市中，肇庆市、江门市、惠州市土壤环境质量优等区面积占当地比例分别为48.4%、42.0%、41.9%，位居前三位，佛山市相应占比最小，为8.5%；各市土壤环境质量中等区面积占当地的比例均超过40%，珠海市相应占比最大，为63.7%；佛山市土壤环境质量劣等区面积占当地比例最大，为44.5%（表1）。

表1 珠三角经济区各地级市土壤环境质量分区统计表

地级市	土壤环境质量分区					
	优等区		中等区		劣等区	
	面积（km²）	比例（%）	面积（km²）	比例（%）	面积（km²）	比例（%）
广州	1 603.6	21.7	4 360.1	59.0	1 426.3	19.3
深圳	813.8	39.0	1 055.8	50.6	217.0	10.4
珠海	177.9	11.7	968.4	63.7	374.0	24.6
佛山	329.4	8.5	1 821.3	47.0	1 724.5	44.5
东莞	931.0	36.8	1 528.1	60.4	70.9	2.8
中山	119.3	7.1	890.3	53.0	670.3	39.9
惠州	3 618.9	41.9	4 327.2	50.1	691.0	8.0
江门	4 087.1	42.0	4 564.0	46.9	1 080.2	11.1
肇庆	2 017.7	48.4	1 709.2	41.0	441.9	10.6

3.5.2 重要城市及周边土壤环境特征

珠三角经济区西江、北江三角洲平原分布有广州、佛山、中山、江门、珠海5个重要城市。土壤环境质量劣等区较为集中分布在广州、佛山、中山、江门等城市及周边，这种状况不容乐观。

3.5.3 建议

（1）开展广州、佛山等重要城市及周边针对土壤地球化学"定时炸弹"调查研究，加强土壤地球化学预警。

（2）加强土壤环境质量优等区耕地保护，严格控制耕地"红线"。

3.6 珠三角经济区土壤有机物影响分区图

1：1 200 000　0　12　24　36　48 km

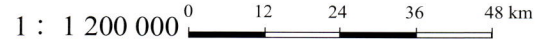

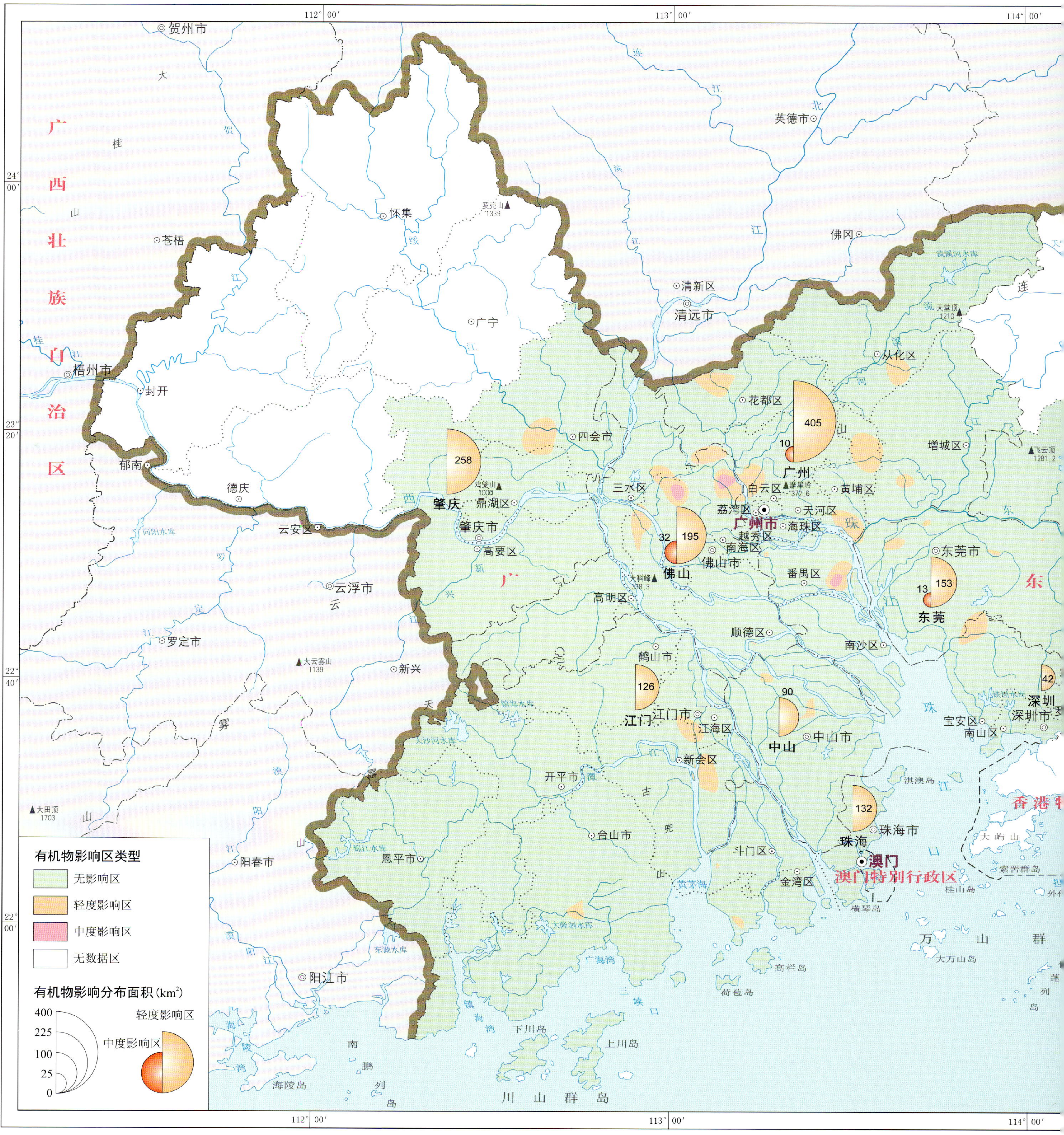

资料截止日期：2014年4月

资料来源：“广东省珠江三角洲经济区农业地质与生态地球化学调查”项目获得的有关土壤有机氯农药、多环芳烃测试数据，香港资料暂缺。

本图通过空间分析成图，标示了珠三角经济区（惠州市龙门县与肇庆市广宁县、怀集县、封开县、德庆县除外）土壤有机物影响状况，并标示了区内9个市土壤轻度影响、中度影响的状况。

鉴于土壤有机氯农药影响等级缺乏相应标准，故结合国内外有关研究的经验，初步确定有机氯农药含量小于 50 μg/kg 为未影响，50～200 μg/kg 为轻度影响，200～1 000 μg/kg 为中度影响，大于 1 000 μg/kg 为重度影响。因多环芳烃极有可能在土壤环境背景中存在，故采用人为带入土壤中的有机氯农药代表土壤有机影响状况。

3.6.1 土壤有机物影响特征

珠三角经济区绝大部分土壤未受到有机氯农药影响。其中，96.0% 的土壤未受到有机氯农药影响，受轻度影响的面积占比 3.8%，中度影响的面积占比仅 0.2%（图1）。

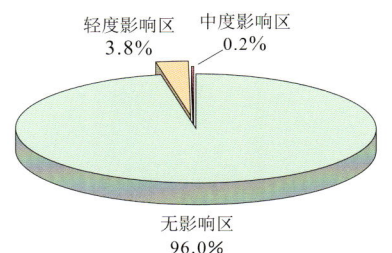

图1 珠三角经济区土壤有机氯农药影响状况统计图

珠三角经济区土壤有机氯农药轻度污染区在9个市均匀分布，广州市、佛山市、惠州市土壤有机氯农药轻度污染区分布面积居前三位，珠海市土壤有机氯农药轻度污染区分布面积最小。土壤有机氯农药中污染区仅在广州市、佛山市、东莞市、惠州市有分布，其中佛山市土壤有机氯农药中度污染区分布面积最大（图2）。

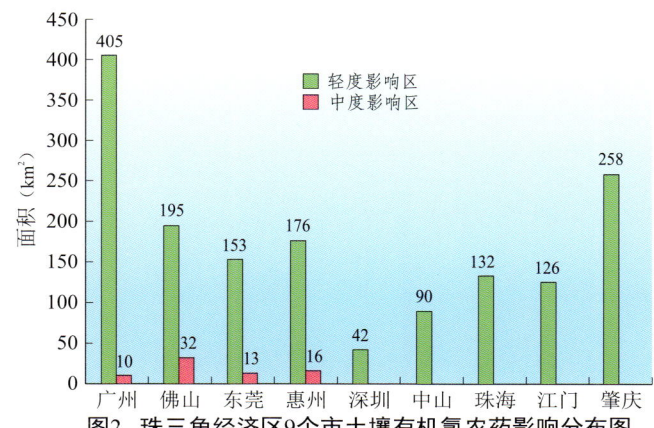

图2 珠三角经济区9个市土壤有机氯农药影响分布图

珠三角经济区土壤有机氯农药含量总体较低，仅为 0～414.79 μg/kg，平均 14.1 μg/kg。77.5% 的土壤样有机氯农药含量低于 10 μg/kg，30.2% 的土壤样有机氯农药含量低于 1 μg/kg，19.1% 的土壤样未检出有机氯农药。

3.6.2 建议

（1）加强土壤持久性有机污染物来源的调查研究。
（2）开展土壤有机污染评价标准与方法的研究。

3.7 珠三角经济区土壤重金属超标状况图

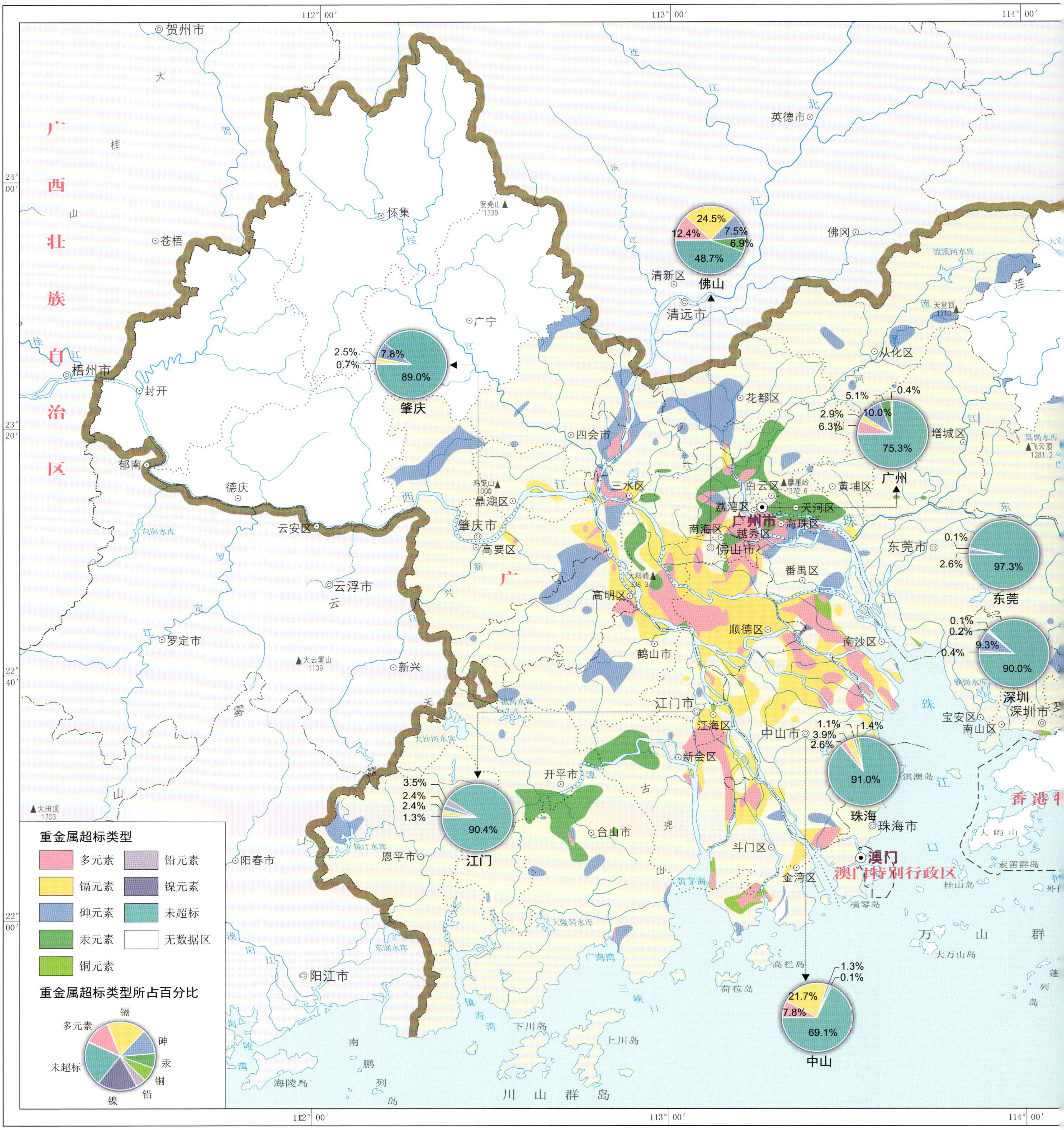

本图对珠三角经济区土壤重金属镉、砷、汞、铜、镍、锌、铅元素指标实测值，按相应权重和隶属度计算出土壤环境质量综合参数，编制完成珠三角经济区土壤重金属超标状况图。

3.7.1 土壤重金属超标状况总体特征

珠三角经济区的三角洲平原核心区镉、砷、汞重金属超标严重。在广州、佛山、顺德、中山所构成的三角洲平原核心区存在大面积的土壤镉元素超标区，在城市及周边地区和部分种植（养殖）区有大面积的土壤汞、砷元素超标区。

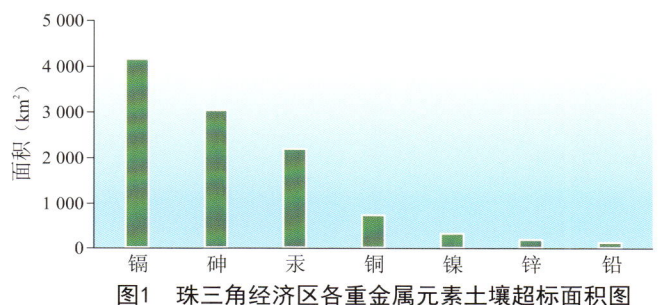

图1 珠三角经济区各重金属元素土壤超标面积图

镉是评价区内超标范围最大的重金属元素（图1），面积达4 086.4km²，主要分布在广州、佛山、江门、中山等地，受北江、西江流域控制明显，最高含量是国家土壤环境质量标准二级标准限值的88倍。可被植物吸收的水溶相和离子相镉占全量比例较大，农产品中镉等重金属含量普遍较高，其中蔬菜镉元素超标率达49%。

砷元素超标土壤面积达2 960.6km²，主要分布于莲花山断裂、广从断裂和灰岩分布区，包括花都赤坭、高明富湾、深圳龙岗、惠东梁化等地区，高含量分布区主要受地质背景控制，与人类经济活动也有一定关系。

汞元素超标土壤面积达2 168.3km²，主要分布在广州、佛山、江门（开平、台山、新会）等地区的城镇、工业区及其周边，最高含量超过土壤环境质量标准二级标准限值的29倍。高含量分布的面积与城镇规模和工业区历史有显著关系，在广州、佛山城区及其周边超标强度明显加强。

铜、铅、镍、锌超标率及超标程度相对较轻，零星分布于广州、佛山、江门、中山等地。

3.7.2 重要城市及周边土壤重金属超标特征

广州、佛山及其周边地区土壤重金属元素超标程度严重，超标元素多，强度大，面积广。珠三角经济区9个地级市中，土壤重金属超标面积由大到小的顺序是佛山、广州、江门、惠州、中山、肇庆、珠海、深圳、东莞（图2）。超标比例由大到小的顺序是佛山、中山、广州、肇庆、深圳、江门、珠海、惠州、东莞。

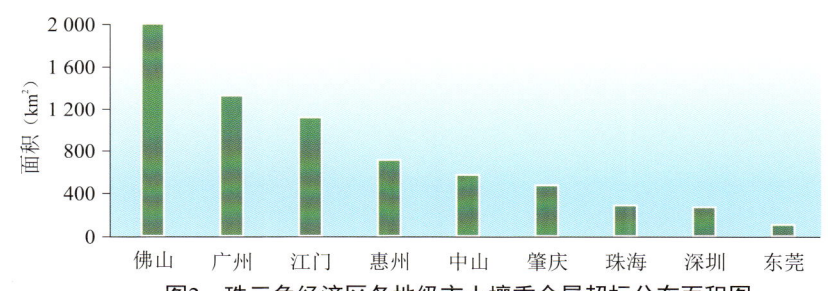

图2 珠三角经济区各地级市土壤重金属超标分布面积图

佛山市土壤重金属超标面积为1 980.2km²，占全市总面积的51.3%。其中，镉单元素超标占总面积的24.5%，砷单元素超标占比7.5%，汞单元素超标占比6.9%，多元素超标（以镉、汞、砷为主，少量铜、镍、锌、铅元素）占比12.4%，集中在三水、高明、顺德、南海一带的北江—西江冲积平原地区。

广州市土壤重金属超标面积1 267.3km²，占全市总面积的24.7%。其中镉单元素超标占总面积的2.9%，砷单元素占比10.0%，汞单元素占比5.1%，多元素（以镉、汞、镍、砷、铜为主，少量铅、锌元素）占比6.3%，分布在广州花都、越秀、海珠、南沙等地。

3.7.3 建议

土壤重金属超标区镉、汞、砷等元素含量较高，需要进行重点监控。在超标严重且生态效应明显的重超标区，可调整种植结构，避免重金属通过食物链影响人群健康；可筛选出适合土壤超标程度和理化性质的作物，采取低富集轮作方式，合理利用土地资源。

3.8 珠三角经济区岩溶塌陷现状分布图

1:1 200 000

资料截止日期：2014年4月

资料来源："珠三角地区岩溶塌陷地质灾害调查"和"广州城市地质调查"项目数据，香港、澳门资料暂缺。

珠三角经济区可溶岩分布面积虽然不大,但在人为和自然地质营力的作用下发生的岩溶塌陷不少,本图收集全区岩溶塌陷地质灾害点共320处,结合各地可溶岩分布,对珠三角经济区岩溶塌陷现状进行说明。

3.8.1 岩溶塌陷分布现状

收集的岩溶塌陷点中以土层塌陷为主,少有基岩塌陷。其中,大型塌陷占37.1%,中型塌陷占29.8%,小型塌陷占33.1%(图1)。

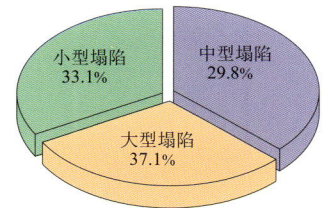

图1 珠三角经济区岩溶塌陷地灾体规模比例图

除珠海、中山、东莞外,珠三角经济区其余各市均有可溶岩分布,可溶岩总面积1 894km^2,其中广州可溶岩面积最大,为648 km^2,肇庆次之,为574km^2,佛山为274km^2,江门为226km^2,惠州为125km^2,深圳最小,仅47km^2,而各地的岩溶塌陷地灾数量中(图2),广州最多,而后依次为佛山、肇庆、惠州、江门、深圳,集中分布在人类活动较强烈的城市建设区及矿山开采区。

目前发现的自然塌陷零星分布在珠三角经济区西部的怀集、高要、中部的增城及高明、明城等地,共9处,规模不大,占塌陷总数的2.8%。人为活动引起的岩溶塌陷,主要分布于肇庆市郊、高要、怀集、佛山高明、明城、广州北郊广花盆地、惠州龙门、深圳龙岗、五华、蕉岭、江门恩平等地隐伏岩溶区,共311处,占塌陷总数的97.2%。

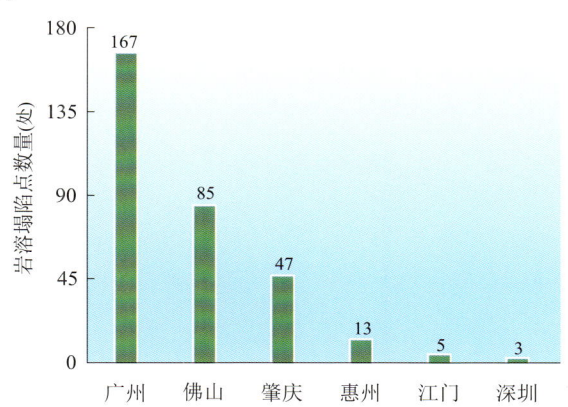

图2 珠三角经济区各地岩溶塌陷地灾数量分布图

3.8.2 岩溶塌陷地质灾害

岩溶塌陷地质灾害不仅危害较严重,而且造成的影响也较大,轻则破坏农田、毁坏农作物,使鱼塘、水井干涸,甚至引起污水倒灌致地下水污染,重则影响矿场开采甚至停产关闭,导致房屋开裂、倒塌,造成人员伤亡及巨大经济损失等。较典型且危害较严重的是广花岩溶盆地江村、肖岗、新华等地。1959—1995年,这些地区因抽水试验或开采抽水先后产生塌陷146处,致使白云区江高、蚌湖、神山三镇238间房屋开裂。又如发生于龙岗区坑梓农贸市场的地面塌陷,导致一栋在建的二层楼房地面破坏、墙柱悬空;新西村地面塌陷造成村中多间民房开裂等。

3.8.3 建议

建议进一步开展可溶岩分布区岩溶塌陷地质灾害调查工作,为地方政府防灾、减灾提供服务。在岩溶塌陷地质灾害隐患区加强岩溶塌陷监测预警,设立专门机构,明确责任人,开展经常性巡查。若发现险情,及时撤离涉险人员,避免造成人员伤亡。在可溶岩区开展工程建设,应加强各类重大建设工程可能导致岩溶塌陷的监测预警预报工作,特别要高度重视地铁等重大工程可能引起 岩溶塌陷地质灾害的防治工作。

3.9 珠三角经济区岩溶塌陷风险划分图

1：1 200 000　0　12　24　36　48 km

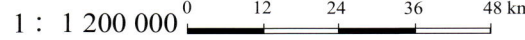

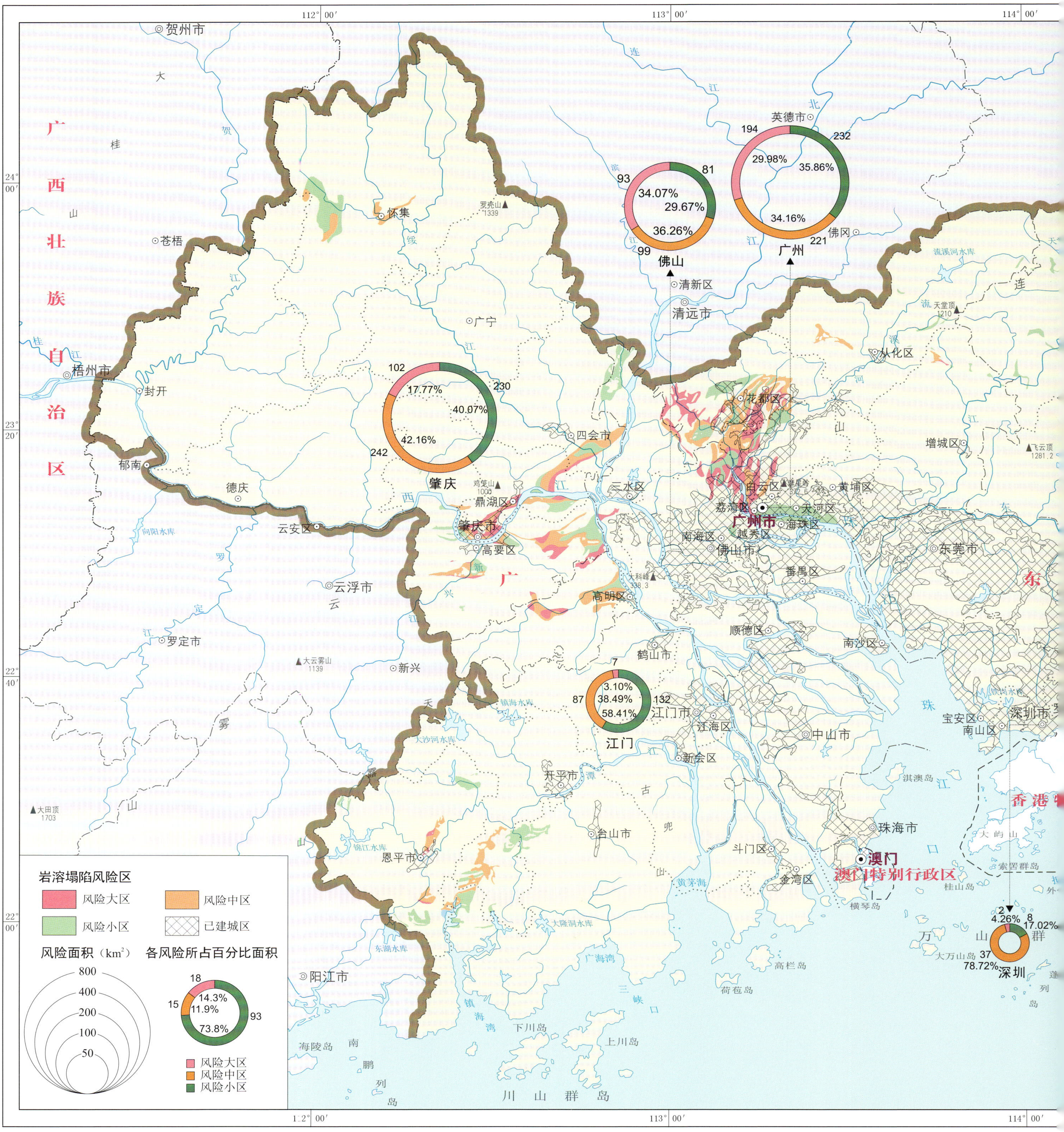

资料截止日期：2014年4月

资料来源："珠三角地区岩溶塌陷地质灾害调查"和"广州城市地质调查"项目数据，香港、澳门资料暂缺。

通过收集珠三角经济区岩溶塌陷地质灾害资料，系统分析了其形成原因、主要影响因素等，圈定了风险区范围。岩溶塌陷风险划分将影响岩溶塌陷的主要因素（岩溶发育情况、覆盖层厚度及土层结构）作为判别因子，采用专家打分法对可溶岩地区进行评价。

3.9.1 珠三角经济区岩溶塌陷风险划分

珠三角经济区岩溶塌陷风险划分为3类地区：风险大区、风险中区、风险小区，各类型分区见图1。

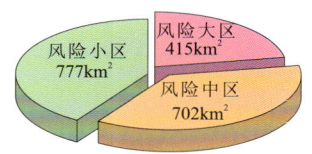

图1 珠三角经济区岩溶塌陷风险划分图

风险大区：面积415km²，占可溶岩面积的21.91%，主要分布于广州市白云区、花都区，佛山市高明区，肇庆市端州区、鼎湖区等地。中、大规模的岩溶塌陷地质灾害基本上都发生在该地区。该地区一般为乡镇、城市，工农业发达，人口密集，机场、地铁、高速公路、城际轻轨等重大交通设施分布其中。频繁的人类（工程）活动诱发岩溶塌陷地质灾害的几率较高，灾害可能造成的经济、人员损失较大。

风险中区：面积702km²，占可溶岩面积的37.06%，主要分布于广州市花都区，肇庆市鼎湖区、高要市、怀集市和四会市，深圳市龙岗区等地。该地区已发生的岩溶塌陷地质灾害多为中、小型，工农业相对发达，人类（工程）活动相对集中，岩溶塌陷地质灾害可能对周围地区的经济和人员造成一定损失。

风险小区：面积777km²，占可溶岩面积的41.03%，分布较广泛，在广州市、佛山市、深圳市、肇庆市、江门市、惠州市等地均有。该地区可能发生岩溶塌陷地质灾害。

3.9.2 广佛肇地区岩溶塌陷风险特征

从珠三角经济区各地区来看，广州市、肇庆市、佛山市岩溶塌陷风险面积分布较大，分别为647km²、574km²、273km²，风险大区面积分别为194km²、102km²、93km²，占各地区可溶岩地区面积比例分别为29.98%、17.77%、34.07%（图2）。目前，广佛肇经济一体化、城际轻轨、高速铁路、高速公路等重大工程已经或者计划开展实施，应对可能存在的岩溶塌陷地质灾害提前做好工程防治预案。

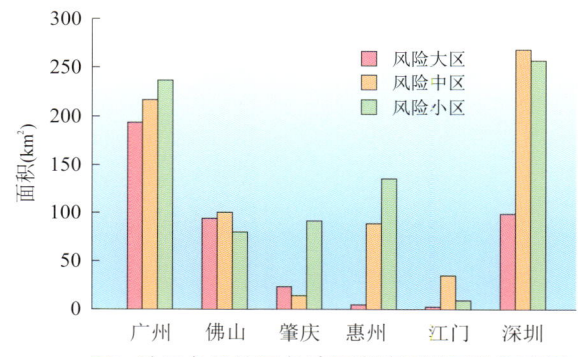

图2 珠三角经济区各地区岩溶塌陷风险程度图

3.9.3 岩溶塌陷地质灾害防治建议

在易发岩溶塌陷地质灾害地区开展工程建设活动前，尤其是大型或重要工程活动，建议应强调做好前期分析论证工作，包括项目立项时对地面塌陷的可能性技术论证分析、可行性研究勘查或初步勘查以及项目实施时的详细勘查等，并需建立一套切实可行的岩溶塌陷地质灾害应急预案。

在岩溶塌陷风险大的地区，建议优先采用避让措施，以及工程、监测预警等措施来防治岩溶塌陷地质灾害；在岩溶塌陷风险中、小的地区，建议采用工程和监测预警措施。

3.10 珠三角经济区地面沉降现状分布图

1：1 200 000 0 12 24 36 48 km

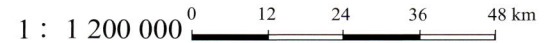

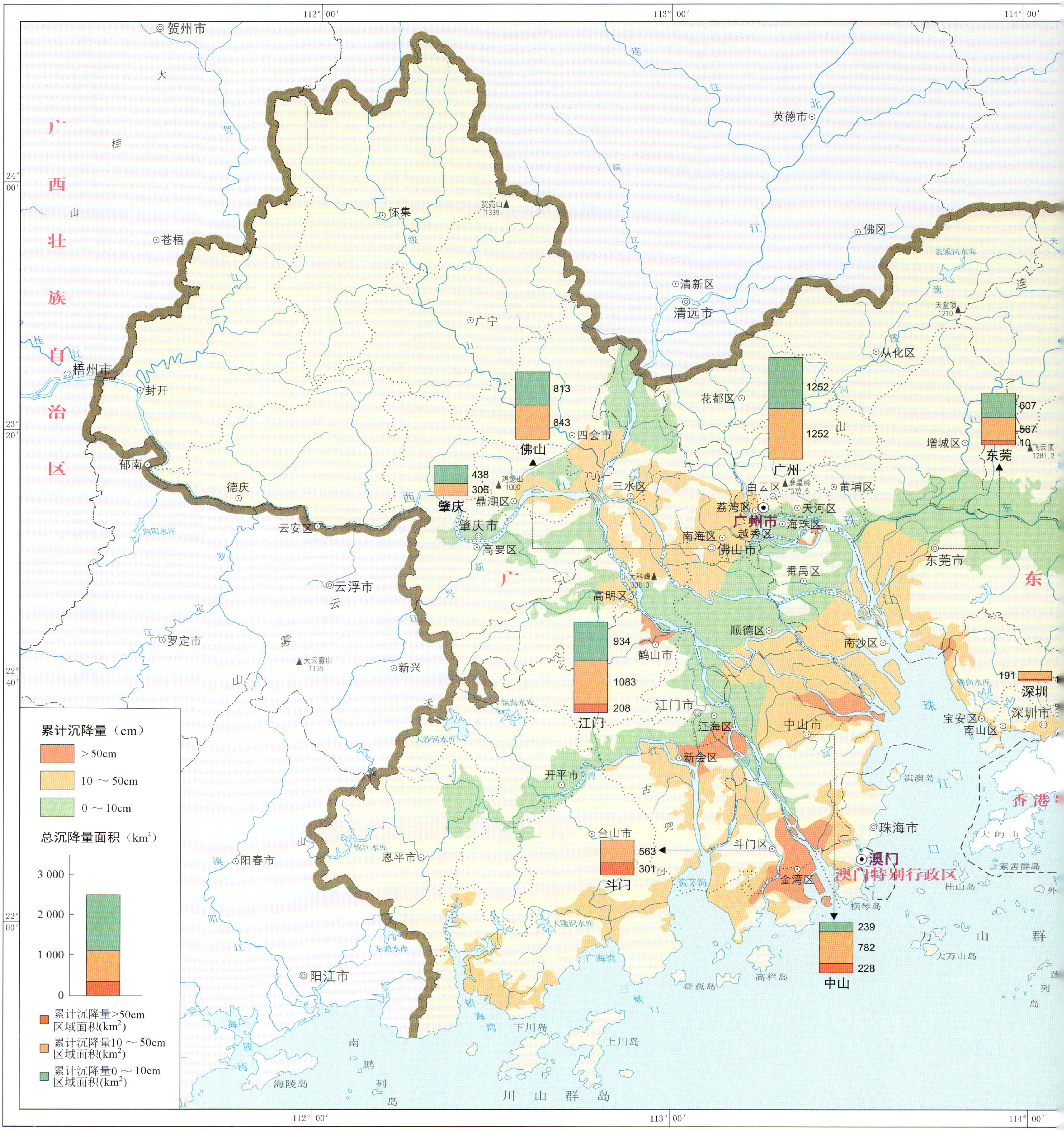

资料截止日期：2014年4月

资料来源：地面沉降现状数据主要收集由广东省地质测绘院牵头，广东省地质局第四地质大队、广东省水文地质大队、深圳市地质局协作，于2012年完成的“1：25万珠江三角洲及周边地区地面沉降地质灾害监测”项目以及广东省地质局水文工程地质二大队于1977年完成的《1：50万广东省水文地质图》和说明书等资料，香港、澳门资料暂缺。

3.10.1 图件编制
3.10.1.1 编图方法
根据地面沉降量的不同，按照累计沉降量将珠三角经济区地面沉降现状划分为3个不同区域，依次是：累计沉降量>50cm，累计沉降量10～50cm，累计沉降量0～10cm。

3.10.1.2 表现形式
（1）按沉降量速率由大到小，采用从深到浅的红色渐变色表示。
（2）以地级市为统计单元，统计其辖区内不同沉降量速率区域的面积，并使用直方图及数字标示。
（3）未发现沉降的区域及低山丘陵区，均以各市行政区原底色表示。
（4）图例分别表示3个不同沉降量的区域及统计直方图。

3.10.2 地面沉降现状说明
珠三角经济区面积为55 136km²（不含香港和澳门）。珠三角经济区地面沉降区域主要分布于珠江三角洲入海口附近，现状沉降区面积达11 187km²，其中地面沉降累计大于50cm的面积为761km²，占总面积的1.4%，占沉降区面积的6.8%；累计沉降量10～50cm的面积为5 587km²，占总面积的10.1%，占沉降区面积的49.9%；累计沉降量0～10cm的面积为4 839km²，占总面积的8.8%，占沉降区面积的43.3%；低山丘陵区面积约为43 949km²，占总面积的79.7%（表1，图1）。

表1 珠三角经济区地面沉降现状统计表

沉降分区	统计面积（km²）	占总面积比例（%）
累计沉降量>50cm区	761	1.4
累计沉降量10～50cm区	5 587	10.1
累计沉降量0～10cm区	4 839	8.8
其他区	43 949	79.7

1. 累计沉降量大于50cm的区域
该区主要分布于：鹤山市以北平原区，中山市横门水道两岸及港口镇北东、浪网镇南西一带，江门市双水—睦洲一带，中山市坦洲、珠海市斗门白蕉镇、红旗镇和三灶镇一带，深圳市沙井镇一带。

2. 累计沉降量10～50cm的区域
该区分布于珠江入海口及三水盆地一带。主要有：佛山三水—高明—南海—广州片区北江两岸及西江东岸一带，均安—顺德—石楼—麻涌一带以南到珠江入海口，江门市以南的西江和潭江两岸至出海口区域，恩平南部横陂—北陡—台山沙栏一带沿海区域等。

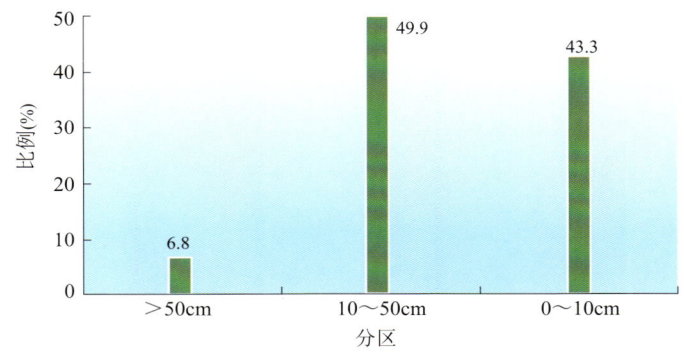

图1 珠三角经济区各沉降现状分区占沉降区面积比例图

3. 累计沉降量0～10cm的区域
该区主要分布于北江、西江、东江及潭江两岸区域，多为零星分布，其中大面积分布于番禺—顺德一带及东江、潭江两岸区域。

3.10.3 地面沉降原因及表现
珠三角经济区地面沉降主要是大面积软土分布引起的固结沉降，江门新会等局部地区为抽取地下水引起的沉降。

地面沉降的危害主要表现在建筑物悬空、开裂、倾斜、下沉或倒翻，路面波状起伏、下沉、开裂、位裂，造成交通中断，供排水（气、油）管道折断与渗漏，通信设施中断，供排水系统失效等。

3.11 珠三角经济区地面沉降风险划分图

1：1 200 000　0　12　24　36　48 km

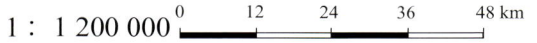

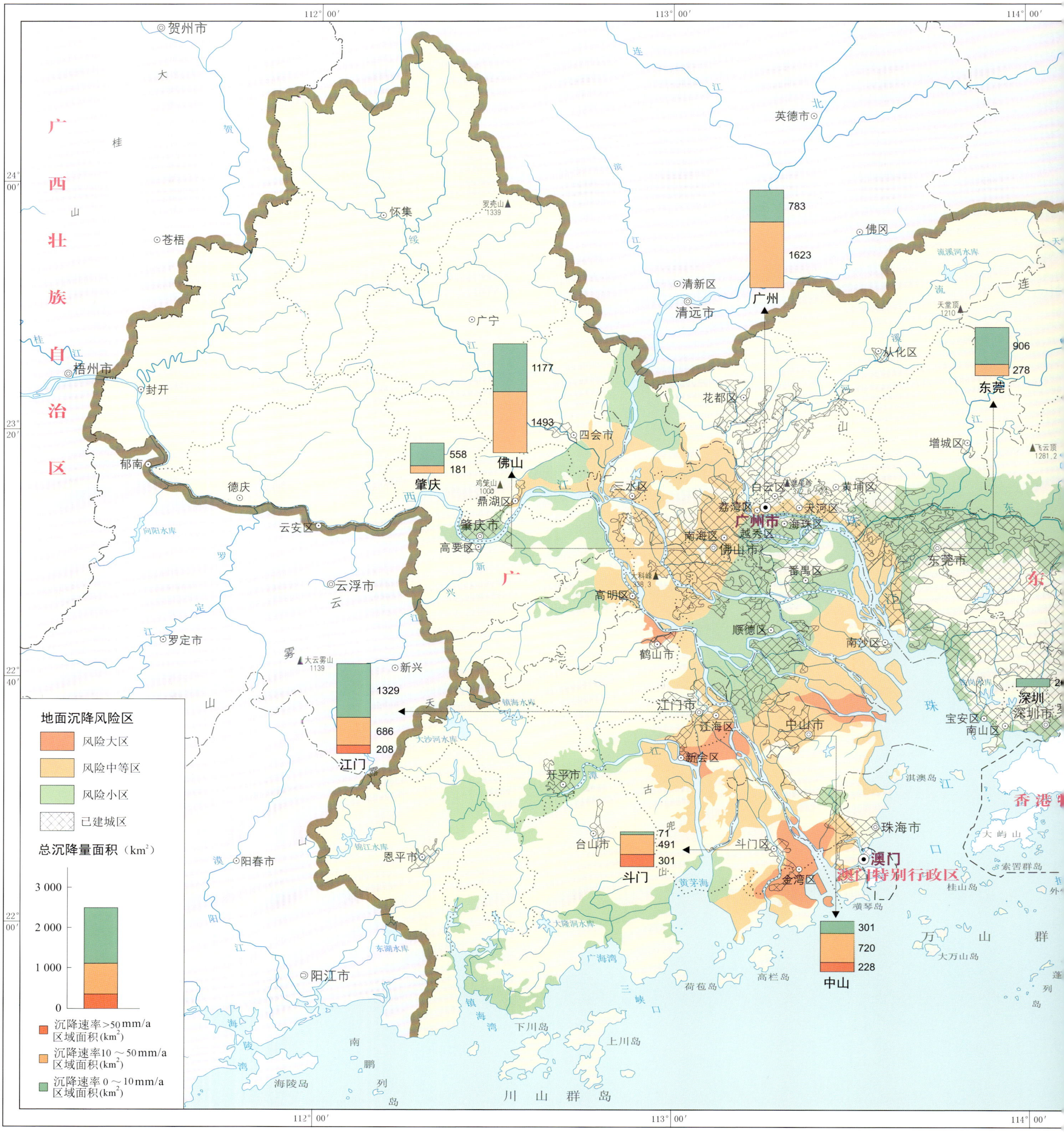

资料截止日期：2014年4月

资料来源：地面沉降风险划分数据主要收集由广东省地质测绘院牵头，广东省地质局第四地质大队、广东省水文地质大队、深圳市地质局协作，于2012年完成的"1：25万珠江三角洲及周边地区地面沉降地质灾害监测"项目，以及广东省地质局水文工程地质二大队于1977年完成的《1：50万广东省水文地质图》和说明书等资料，香港、澳门资料暂缺。

3.11.1 图件编制
3.11.1.1 编图方法
根据地面沉降现状、发展趋势、软土分布范围和软土厚度等,将珠三角经济区地面沉降现状划分为3个不同区域,依次是:沉降速率大于50mm/a的风险大区;沉降速率10～50mm/a的风险中等区;沉降速率0～10mm/a的风险小区。

3.11.1.2 表现形式
(1)按沉降量速率由大到小,采用从深到浅的由红色到浅绿色表示。
(2)以地级市为统计单元,统计其辖区内不同沉降量速率区域的面积,并使用直方图及数字标示。
(3)暂未发现沉降的区域及低山丘陵区,均以各市行政区原底色表示。
(4)图例分别表示大、中等、小3个不同风险等级区及港口,民用机场,核电基地,石化基地,输油、输气管道等重要交通和能源设施。

3.11.2 地面沉降风险划分特征
珠三角经济区面积为55 136km²(不含香港和澳门),存在地面沉降风险的面积达12 095km²,主要分布于北江、西江、东江、潭江下游的广(州)佛(山)肇(庆)、江(门)鹤(山)高(明)、东莞、开平、新会等沿岸和珠三角经济区八大口门地区。

地面沉降风险大区面积约为737km²,占珠三角经济区总面积的1.3%,占沉降区面积的6.1%;地面沉降风险中等区面积约为5 472km²,占总面积的9.9%,占沉降区面积的45.2%;地面沉降风险小区面积约为5 886km²,占总面积的10.7%,占沉降区面积的48.7%;低山丘陵分布区面积约为4 3041km²,占总面积的78.1%(表1,图1)。

表1 珠三角经济区地面沉降风险分区统计表

风险分区	统计面积(km²)	占总面积比例(%)
风险大区	737	1.3
风险中等区	5 472	9.9
风险小区	5 886	10.7
其他区	43 041	78.1

1. 地面沉降风险大区

该区主要分布于:鹤山市以北平原区,中山市横门水道两岸、港口镇北东、浪网镇南西一带,江门市南部双水一睦洲一带,中山市坦洲镇西、珠海市斗门区白蕉镇东、红旗镇大部和三灶镇北西江两岸地区。

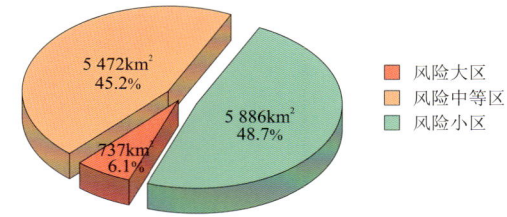

图1 珠三角经济区地面沉降各风险分区所占比例示意图

2. 地面沉降风险中等区

地面沉降风险中等区主要分布于佛山三水盆地、珠江出海口一带。主要有:三水—广州—南海九江一带,江门—石楼—麻涌一带以南的珠江出海口区域,双水—睦洲以南的西江及潭江两岸区域。

3. 地面沉降风险小区

该区分布于北江、西江、东江及潭江两岸。主要有:肇庆—三水一带西江两岸,北江芦苞以北至工作区边界两岸,东江两岸,西江—东江之间的番禺—顺德一带大片区域,潭江两岸,大亚湾沿海岸带,台山沿海岸带区域等。

3.11.3 地面沉降主要威胁对象
珠三角经济区地面沉降主要威胁对象为工业和民用建筑物以及城镇与乡村人员。受影响的重要基础设施主要是区内的重要城镇基础设施、港口、输气和输油管道、深圳和佛山机场、地铁(轻轨)、公路(含高速公路)、铁路(含高铁)等。

3.12 珠三角经济区突发性地质灾害分布图

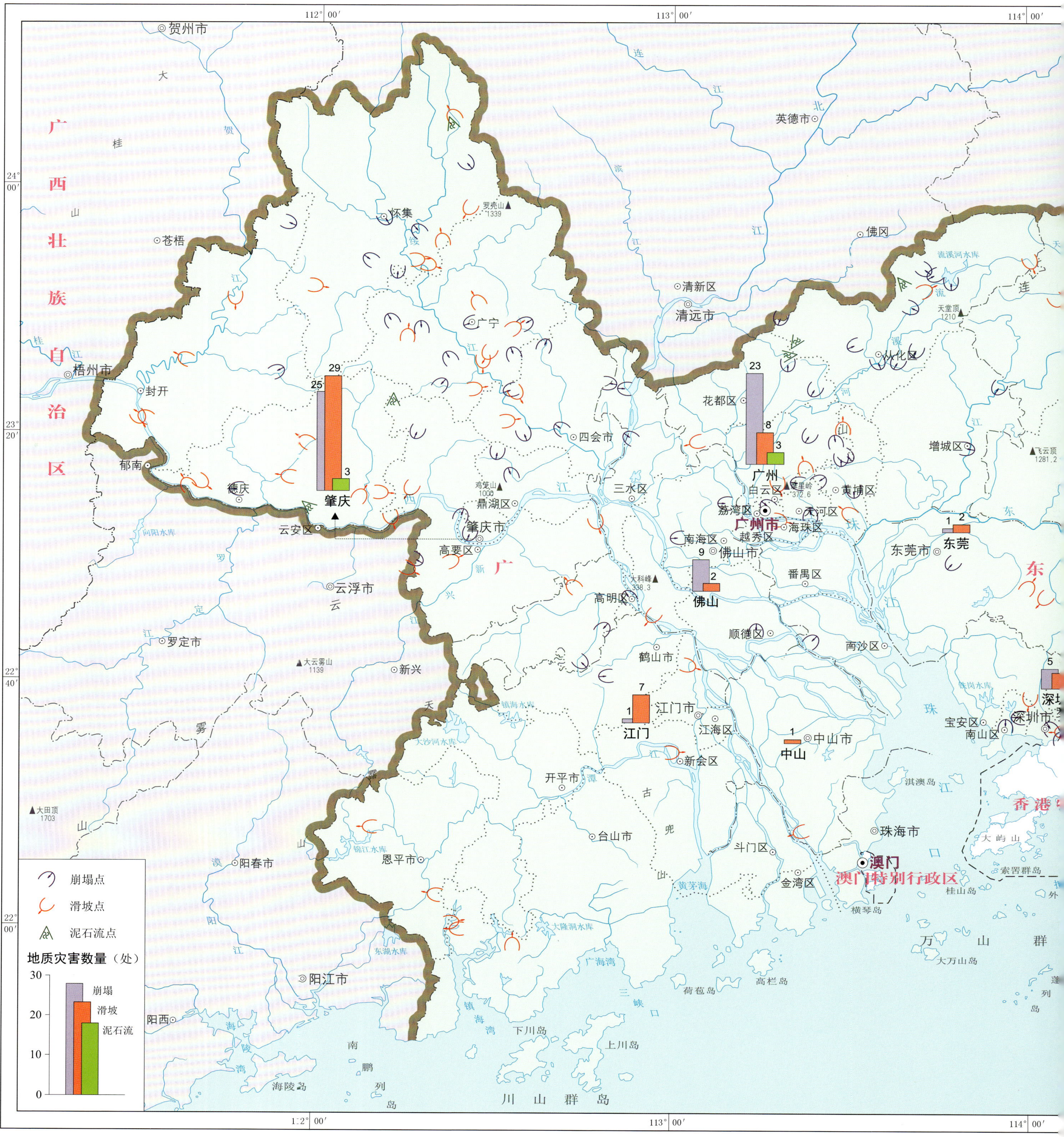

3. 环境地质类

3.12.1 图件编制
3.12.1.1 编图方法
根据威胁程度的不同，把珠三角经济区威胁100人以上的突发性地质灾害—崩塌、滑坡和泥石流分别投放到图面上。

3.12.1.2 表达形式
（1）以不同的图例分别表示崩塌、滑坡、泥石流不同灾种的分布位置。

（2）以地级市为统计单元，统计其辖区内威胁人数超过100人的崩塌、滑坡、泥石流数量，并使用直方图及数字标示所在区域，不同颜色代表不同灾种。

3.12.2 突发性地质灾害分布特征
本图反映了珠三角经济区威胁100人以上的133处突发性地质灾害—崩塌、滑坡、泥石流的分布情况，各市灾种统计数量见表1和图1。

1. 崩塌、滑坡

崩塌、滑坡数量较多，分布几乎遍及各市，规模大小不一，多发生在低山、丘陵区的铁路、公路、矿山、采石场、建筑施工场地边坡，以及河道、水库、码头边岸、新建村镇、工业园区等近期人类活动频繁区。

2. 泥石流

泥石流较集中地分布于北部低山、深丘地貌区，如从化鳌头、花都梯面等地，数量虽不多，但规模较大，造成经济损失严重。

表1 珠三角经济区突发性地质灾害统计表 （单位：处）

地级市	崩塌	滑坡	泥石流	合计
广州	23	8	3	34
深圳	5	4	0	9
肇庆	25	29	3	57
佛山	9	2	0	11
惠州	3	6	1	10
东莞	1	2	0	3
江门	1	7	0	8
中山	0	1	0	1
珠海	0	0	0	0
合计	67	59	7	133

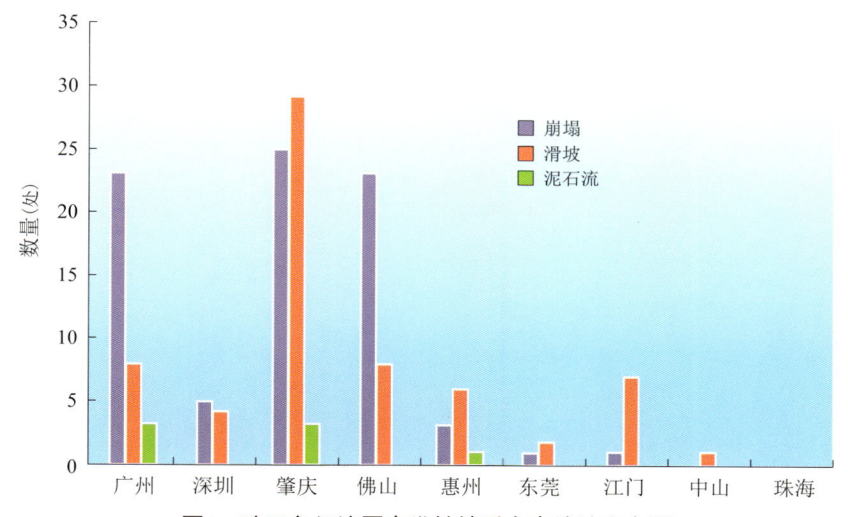

图1 珠三角经济区突发性地质灾害统计直方图

3.12.3 崩塌、滑坡、泥石流的危害表现
崩塌、滑坡、泥石流的发生具有突发特性，瞬间可冲毁村镇、工业园区、城市和乡村建筑，破坏铁路、公路、码头等交通设施，堵塞和淤积河道、水库等水利设施，造成重大经济损失和人员伤亡（表1，图1）。根据珠海市2015年威胁30人以上地质灾害隐患点一览表，珠海市辖区内有2处崩塌、4处滑坡，其威胁人数超过30人，但未超过100人，故在现状分布图及表中数量为零，中山市亦与珠海市类似。

3.13 珠三角经济区突发性地质灾害风险图

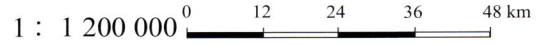

突发性地质灾害风险区
- 风险性大区
- 风险性中等区
- 风险性小区
- 已建城区

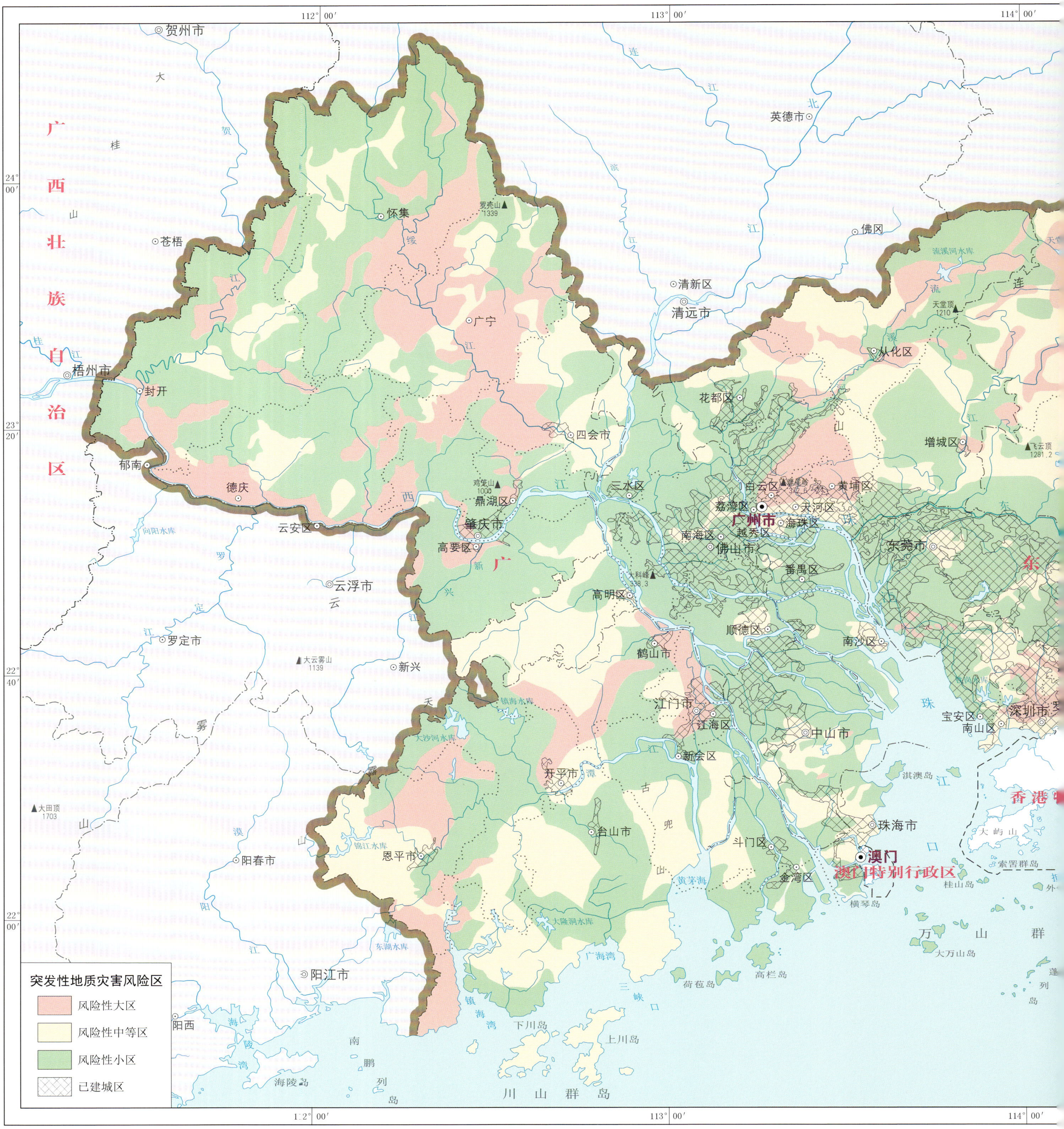

资料截止日期：2014年4月

资料来源：主要来源于广东省国土资源厅编制的《广东省地质灾害防治规划（2001—2015年）》和《广东省2015年度地质灾害防治方案》，并根据广东省地质环境监测总站实时监测地灾隐患点数据等资料进行增补，香港、澳门资料暂缺。

3.13.1 图件编制
3.13.1.1 编图方法
根据突发性地质灾害现状、发展趋势、地质环境条件和人类工程活动，结合珠三角经济区重大交通、能源设施、城镇建设规划等因素，将珠三角经济区划分为3个风险等级区，分别是：风险性大区、风险性中等区、风险性小区，其划分依据见表1。

表1　珠三角经济区突发性地质灾害风险性分区量化指标表

判别因素 风险分级	地质环境条件	危险性	灾点密度	规模	危害程度		潜在经济损失
					威胁对象		
					工程或建筑物	人数	
风险性大区	复杂—中等	大	大—中等	大—中等	城镇或主体建筑	100人以上	1 000万元以上
风险性中等区	中等—简单	中等—小	大—中等	大—中等	集中居民区或附属建筑物	30～100人	100万～1 000万元
风险性小区	简单	小	小	小	分散居民区或无其他建筑物	30人以下	100万元以下

3.13.1.2 表达形式
（1）根据风险性由大至小，采用由深至浅的红色至浅绿色表示。

（2）统计各风险分区的面积及所占珠三角经济区总面积的比例，并使用三维饼图及数字百分比标示于图面上。

（3）图例分别表示大、中等、小3个不同风险等级区，以及港口、民用机场、核电基地、石化基地、输油输气管道等重要交通和能源设施。

3.13.2 突发性地质灾害风险性分区特征
珠三角经济区面积为55 136.2km²（不含香港和澳门），其中突发性地质灾害风险性大区面积约为10 905.9km²，占总面积的19.78%；风险性中等区面积约为14 046.3km²，占总面积的25.48%；风险性小区面积约为30 184.0km²，占总面积的54.74%（图1），其风险性分区情况及潜在威胁统计见表2和图2。

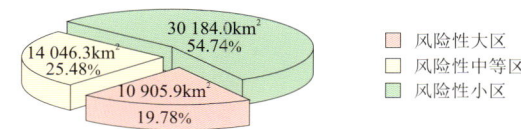

图1　珠三角经济区各风险分区比例示意图

表2　珠三角经济区突发性地质灾害风险性分区表

分区	分布情况	现状	预测评估
风险性大区	主要分布于除中山市、珠海市以外各市的低山、丘陵区，尤其是肇庆市的德庆、怀集、广宁等县受崩塌、滑坡、泥石流威胁严重	45处崩塌、42处滑坡、7处泥石流	崩塌潜在的危害性大，危险性大；滑坡潜在的危害性大，危险性大；泥石流潜在的危害性大，危险性大
风险性中等区	主要分布于珠江三角洲西部与东部的低山、丘陵区，中部在浅丘、台地区亦有少量分布	22处崩塌、16处滑坡	崩塌潜在的危害性中等，危险性中等；滑坡潜在的危害性中等，危险性中等；泥石流潜在的危害性小，危险性小
风险性小区	主要分布于珠江三角洲中部的平原区，其次为西部、东部的山间盆地区	已发地质灾害程度较小	自然斜坡崩塌、滑坡的危害性小，危险性小

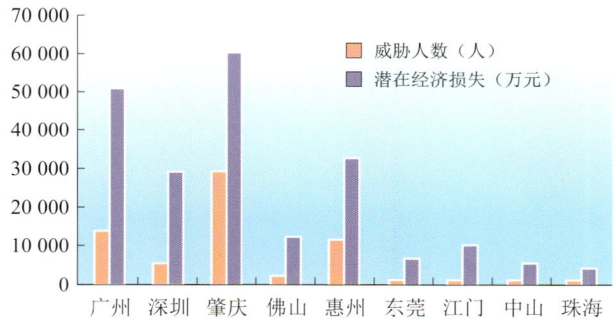

图2　珠三角经济区突发性地质灾害潜在威胁统计图